D1748726

Stephan Krass
Die Spur der Buchstaben

Stephan Krass

Die Spur der Buchstaben

Alphabet
Blaupause
Code

Steidl

Stephan Krass, geboren 1951 in Ochtrup / Westfalen, studierte Literaturwissenschaft, Philosophie und Soziologie und promovierte mit einer poetologischen Arbeit. Bis 2017 war er Rundfunkredakteur beim SWR. Seit 2005 lehrt Krass Literatur an der Hochschule für Gestaltung in Karlsruhe, ab 2015 als Honorarprofessor für literarische Kunst. Krass ist außerdem Lehrbeauftragter am Institut für literarisches Schreiben und Literaturwissenschaft an der Universität Hildesheim. 2007 wurde er mit dem Hörspielpreis der Akademie der Künste Berlin ausgezeichnet. Krass lebt in Karlsruhe und New York City.

Inhalt

Prolog im Wörterhimmel 9

Alphabet 13

Buch 20

Code 24

Digitus 29

Erzählen 34

Feder 38

Gedicht 42

Handschrift 47

Inskription 52

Jota 56

Konsonant 60

Lesen 64

Medium 69

Note 74

Ostrakon 79

Passwort 83

Quadrat 87

Rhapsodie 92

Stimme 97

Typographie 102

Unsinnspoesie 107

Vogel-V 112

Würfel 117

Faktor **X** 122

Y Scheideweg 127

Zunge 131

Bonustrack für George Bernard Shaw 136

Äther 140

Öffentlichkeit 144

Übersetzung 148

Literaturverzeichnis 153

Für seinen Roman *Rayuela. Himmel und Hölle* schlägt Julio Cortázar zwei Lesarten vor. Zum einen die fortlaufende Lektüre von Kapitel zu Kapitel, zum anderen eine nichtlineare, die den Textparcours im Rösselsprung absolviert. Beide Möglichkeiten sind auch hier gegeben.

PROLOG IM WÖRTERHIMMEL

In der Eingangsszene von Woody Allens Film *Celebrity* (1998) schwebt hoch über dem Verkehrsgewühl von Midtown Manhattan eine Flugzeugstaffel am leergefegten Großstadthimmel. Aus Druckkammern hinter dem Cockpit lassen die Piloten leuchtend weiße Kondensstreifen entweichen, die sich zu Buchstaben formieren. Drei Lettern haben sie bereits in das klare Licht des Himmels geschrieben: H E L. Als die Flugzeuge zum nächsten Buchstaben ansetzen, fragen sich die Passanten, die das Schauspiel gespannt verfolgen, wie es weitergehen mag. Kommt ein zweites L? Dann lassen die Flugzeuge erneut Dampf aus ihren Druckbehältern, und es formiert sich ein P. Der Himmel bleibt – Gott sei Dank – ein Ort, von dem wir Hilfe erwarten können. Nach wenigen Minuten hört man nur noch das schwächer werdende Brummen der Flugzeuge, während sich die Buchstaben langsam in Luft auflösen. *Skytyping* heißt das Geschäft der Piloten, die das Firmament beschriften. Für einen Moment können wir die Zeichen lesen, dann verschwimmen sie in weißem Gewölk. Die Lettern aus Dampf sind temporäre Luftskulpturen, und der Himmel ist ein transitorischer Ort. Wer ihn »beschreiben« will, muss wissen, dass die Zeichen in den Wind geschrieben sind.

Der Luftraum über uns ist von Anbeginn ein Licht-, Laut- und Letternkosmos, der von Zeichen erfüllt ist, die die Menschen in Schrift und Sprache übersetzt haben.

»Am Anfang schuf Gott Himmel und Erde«, heißt es in der *Genesis*, »und Gott sprach: Es werde Licht.« Gott nannte das Licht »Tag« und die Finsternis »Nacht«, und aus Abend und Morgen formte sich der erste Tag. Mit dieser Ur-Szene wurde der Himmel zum Projektionsraum. Dass man am Firmament lesen kann, erzählen schon die Kalender. Sie orientieren sich am Lauf der Gestirne. Aber auch Buchstaben sind zu allen Zeiten am Himmel verortet worden. Die Babylonier bezeichneten die Sterne als Himmelsschrift; Stéphane Mallarmé sprach vom »Alphabet der Sterne« und nannte seine Gedichte »Konstellationen« – vom lateinischen Wort *stella* / Stern. Die Zeichen des Himmels zu lesen, galt in allen Zeiten als eine Kunst. Seit alters betrachten Astrologen Gestirnsformationen als Chiffren für Weissagungen, in der Bibel empfingen die Heiligen Drei Könige eine göttliche Botschaft von den Himmelskörpern, und in frühen Alphabetschriften dienten Sternzeichen als Vorlage für die Gestaltung von Buchstaben.

In jedem Fall wollen die Zeichen gedeutet werden. Der Himmel aber kennt viele Antworten. Das gilt heute mehr denn je. Die Erfindung der drahtlosen Kommunikation hat jeden Erdenbürger in einen Sender und einen Empfänger verwandelt und das Universum in ein vibrierendes Netzwerk von Informationen. Nie waren dort mehr Buchstaben versammelt. Von jeher auf Sendung eingestellt, ist der Himmel zum größten offenen Kanal aller Zeiten geworden, und der Mensch ist auf Empfang. Wo früher ein verbindliches Programm sendete, konkurriert heute eine Vielzahl von Anbietern, die ein breites Spektrum an Botschaften offerieren. Unterdessen stoßen auch die Bildschirmoberflächen immer neue Horizonte auf, und die illuminierten Tastaturen lassen die Buchstaben leuchten wie Gestirne.

Bei den Buchstaben sprechen wir ebenso von Zeichen wie bei den Sternen. Doch Buchstaben und Sternzeichen sind keine statischen Fixpunkte. Wie die Sterne am Himmel wandern, gehen auch die Schriftzeichen von Wort zu Wort ständig neue Verbindungen ein. Jede Nacht zeigt ein anderes Sternbild, jeder Text zeigt eine andere Letternkonstellation. Diese Dynamik macht unser Alphabet so vielseitig. Die 26 Buchstaben bilden ein geschlossenes Arsenal von Zeichen-Modulen, deren Kombinatorik eine unendliche Textmaschine in Gang setzt. Basiselement ist immer der einzelne Buchstabe. Als Träger von Informationen tritt er im Verbund mit anderen Schrift- und Lautzeichen auf. Gemeinsames Haus ist das Alphabet, unter dessen Dach die Buchstaben ihr semantisches Potenzial entfalten. Darin liegt der unschlagbare Vorzug der Buchstabenschrift: Die einzelnen Elemente sind flexibel, frei flottierend und austauschbar. Kurzum, Buchstaben sind arbiträre Gesellen. Sie haben die Freiheit, in immer neue Figurationen einzutreten und damit neue Bedeutungsfelder abzustecken. Dennoch bleiben sie dieselben Zeichen. Wäre das nicht so, würden wir sie nicht wiedererkennen und könnten auch ihre kombinatorischen Fähigkeiten nicht abrufen. Am Anfang ist der Buchstabe.

Zwei Eigenschaften sind es vor allem, die das Alphabet, das mit abstrakten Zeichen arbeitet, gegenüber einem Schriftsystem, das auf konkreten Symbolen oder Piktogrammen basiert, auszeichnet: Jedes Lettern-Modul ist ein autarker Baustein. Darin liegt sein *monadischer* Charakter. Sein energetisches Kraftfeld als Medium und Movens unserer Kommunikation entfaltet sich aber erst dadurch, dass die einzelnen Buchstaben-Elemente anschlussfähig sind und in ganz unterschiedlichen Kontexten eingesetzt werden können. Das macht ihren *nomadischen* Charakter aus. Diese

Eigenschaften unseres alphabetischen Zeichensystems bringen es mit sich, dass ein Leseerfolg erst eintritt, wenn die Modulreihe bei einer Wortbildung abgeschlossen ist. Oft hängt es nur an einem einzigen Zeichen. Der Himmel ist unser Zeuge. Ob die Buchstaben-Konstellation den Schriftzug HELL oder HELP aufscheinen lässt, bleibt bis zum letzten Moment ungewiss. Insofern handelt es sich bei der Arbeit mit Buchstaben wie bei der Beschreibung des Himmels um ein riskantes Unterfangen. Nicht nur für Piloten.

ALPHABET

Der 10. August 2015 fiel auf einen Montag. Man schrieb den 222. Tag des gregorianischen Kalenders, und die Luft roch nach Sommer. Vor 496 Jahren war Magellan zu seiner ersten Weltumsegelung aufgebrochen, vor 223 Jahren war die Monarchie in Frankreich zu Ende gegangen, und der Wetterdienst meldete für Palo Alto, California einen stabilen Tagesmittelwert von 26 Grad Celsius. An diesem Montag im August, an dem im Silicon Valley die astronomische Morgendämmerung um 4:40 Uhr eingesetzt hatte, kündeten die *Google*-Gründer Larry Page und Sergey Brin auf der Website ihres Unternehmens an, dass die vormalige *Google Inc.* in einer neugegründeten Holding mit dem Namen *Alphabet Inc.* aufgehen solle. Den Namen der neuen Gesellschaft habe man gewählt, weil das Alphabet für »eine der wichtigsten Erfindungen der Menschheit überhaupt« stehe. Als Webadresse sicherte sich der Konzern die komplette Buchstabenfolge *abcdefghijklmnopqrstuvwxyz.com*.

Das größte Suchmaschinen-Imperium der Welt, das seine Aktivitäten längst auch auf andere Geschäftsbereiche ausgedehnt hat, benennt sich nach jenem Zeichensystem, das die Elemente unserer Schrift und Sprache in einem jahrtausendealten Letternkorpus versammelt, und erklärt damit den Weltstoff der Buchstaben, eine der erfolgreichsten Kultur- und Zivilisationstechniken, zu seinem Firmenpaten. Für diesen Coup werden in der Webadresse alle 26 Buchstaben des Alphabets als Zeugen aufgerufen. Die Lesbarkeit der Welt ist von nun an eine Domäne von *Google* geworden. Wo bei der Bibel, dem Talmud, dem Koran und anderen heiligen und weltlichen Schriften die Erklärung und Auslegung der Welt im Zentrum des Bemühens stand, Sein und Sinn in Bezug zu setzen, poppt heute das Eingabefenster einer Suchmaschine auf, um in Bruchteilen von Sekunden für Anfragen aller Art Lösungen zu präsentieren.

Noch erscheint bei der *Google*-Eingabe des Wortes »Alphabet« in deutschsprachigen Ländern an erster Stelle ein Hinweis auf unser Zeichensystem, erst dann folgt die *Alphabet Inc.* Man darf gespannt sein, wie lange diese Reihenfolge anhält. Aufgegeben wurde im Rahmen der Restrukturierung von *Google Inc.* das interne Firmenmotto *Don't be evil* zugunsten des neuen Slogans *Do the right thing*. Ein Schelm, wer Böses dabei denkt. Konsequent ist die Umbenennung des Weltkonzerns im Namen des am weitesten verbreiteten Zeichensystems allemal, vollzieht sie doch etwas nach, was Suchmaschinen leisten: das globale Aufspüren von Informationen, die buchstabenbasiert erfasst sind.

Sogar ins Wörterbuch hat der Begriff »googeln« Aufnahme gefunden. Seit 2004 steht das transitive Verb im Duden. Nur mit der Konjugation im Deutschen tut man sich noch etwas schwer. Heißt es nun »ich google« oder »ich google«? Das Partizip Präsens lautet jedenfalls »googelnd«. Diesen Treffer hat man schnell »gegoogelt«. Ganz konfliktfrei ging die Aufnahme des Neologismus »googeln« in den Duden allerdings nicht vonstatten. Denn als Bedeutung wurde zunächst »im Internet suchen« angegeben. Der Suchmaschinen-Betreiber monierte diese Definition mit dem Hinweis auf seinen Markenschutz. Denn schließlich könne ja auch mithilfe einer anderen Suchmaschine im Netz recherchiert werden. Und das sei dann kein echtes Googeln mehr. Also wurde der Eintrag für das neue Verb in der 24. Auflage des Dudens angepasst. Dort heißt es nun: »mit Google im Internet suchen«. Ob der allgemeine Sprachgebrauch sich die Argumente des Markenschutzes zu eigen macht, darf bezweifelt werden. Denn längst hat sich das Verb »googeln« als Synonym für jede Form der Internet-Recherche durchgesetzt. Tautologen befinden sich jedenfalls bei Suchmaschinen im Internet in guter Gesellschaft. Wer bei *Google* das Suchwort »Google« eingibt, landet den ersten Treffer wieder bei *Google*.

Googelt man den Buchstaben A, so erfährt man, dass es sich um den ersten Buchstaben des modernen lateinischen Alphabets handelt, der dem griechischen Alpha sowie dem A im kyrillischen Alphabet entspricht. Nach der Häufigkeitsverteilung der Buchstaben in der deutschen Sprache steht das A mit einer Quote von 6,51 Prozent an sechster Stelle. Die Rangliste nach der Häufigkeit wird unangefochten von dem Buchstaben E angeführt. Buchstabenbasierte Schriftsysteme, wie sie heute in großen Teilen der Welt gebräuchlich sind, haben sich aus Piktogrammen und Hieroglyphen, die im alten Ägypten seit etwa 3 000 v. Chr. in Gebrauch waren, entwickelt. Als älteste Alphabetschrift gilt die phönizische Schrift, deren erste Quellen auf die Zeit um 1 700 v. Chr. zurückgehen. Im Gegensatz zu den Hieroglyphen, deren Repertoire aus mehreren tausend Zeichen bestand, kam die buchstabenbasierte Schrift mit 22 Zeichen aus. Aleph ist der erste Buchstabe des phönizischen und des hebräischen Alphabets. Er zeigt in seiner ursprünglichen Form einen um 90 Grad gedrehten Ochsenkopf und trägt somit noch die Spur eines bilderbasierten Zeichenkosmos in sich. Der Buchstabe »Aleph« stand für einen konsonantischen Knacklaut. Als die Griechen das phönizische Alphabet an ihre Sprache anpassten, setzten sie das »Aleph«-Zeichen für den Vokal »Alpha« ein. Eine andere Hieroglyphe, die ein Haus darstellte, bekam den Namen »Beth«, das semitische Wort für Haus. Aus diesen Anfängen entwickelte sich das griechische Alphabet, das um 400 v. Chr. standardisiert und in ganz Griechenland eingeführt wurde.

Dem Mythos nach, so berichtet jedenfalls Herodot, soll es der Königssohn Kadmos gewesen sein, der auf der Suche nach seiner von Zeus geraubten Schwester Europa das phönizische Alphabet nach Griechenland brachte. Tatsächlich hat sich die Herausbildung der Alphabetschrift in vielen kleinen Schritten über einen langen Zeitraum vollzogen. Im fünften Jahrhundert v. Chr. erreichte die Alphabetisierungswelle schließlich einen ersten Höhepunkt. Man schätzt, dass zu dieser Zeit etwa 15 Prozent der Männer lesen konnten und 10 Prozent auch des Schreibens mächtig waren. Aber die Entwicklung der Schriftkultur galt nicht allen als Fortschritt. Im *Phaidros*-Dialog berichtet Platon von der Schrift-Skepsis des ägyptischen Königs Thamos. Als Theuth, der »Vater der Buchstaben«, dem Herrscher seine Erfindung vorführt und versichert, durch die Schrift werde das Volk »weiser und erkenntnisreicher«, lässt Platon den König einwenden, diese Erfindung werde die Vergesslichkeit unter den Menschen fördern, »weil sie im Vertrauen auf die Schrift sich nur von außen vermittels fremder Zeichen, nicht aber innerlich sich selbst und unmittelbar erinnern werden«. Im Zeitalter von Suchmaschinen, die uns erlauben, der Vergesslichkeit elektronisch auf die Sprünge zu helfen, kann man diesem Einwand des Königs auch eine aktuelle Lesart abgewinnen.

Was die Herkunft der Buchstaben und die Kulturleistung der Phönizier betrifft, ein abstraktes Zeichensystem zu entwickeln, herrscht unter Sprachwissenschaftlern nicht nur Einmütigkeit. Weil die antiken Quellen unvollständig und interpretationsbedürftig sind, bleibt die Forschung darauf angewiesen, mit Wahrscheinlichkeitsmodellen zu arbeiten. Noch in jüngerer Zeit meldete sich mit Karl-Theodor Zauzich ein emeritierter Ägyptologe zu Wort, der die herrschende Lehrmeinung für korrekturbedürftig hält. Demnach seien »Aleph« und »Alpha« nicht auf einen stilisierten Ochsenkopf, sondern auf das ägyptische Zeichen für »Wort« bzw. »Ausspruch« und »Beth« / »Beta« auf das ägyptische Zeichen für »Schnur« zurückzuführen. Theologische Ursprungslegenden haben es da leichter. So gibt es im Islam die Lehre, Gott selbst habe die Buchstaben geschaffen und Adam das Alphabet diktiert. Wir wollen aber den Stab über die Ursprungsfrage der Buchstaben nicht zu früh brechen und im Zweifelsfall den Rat jenes Weisen beherzigen, der den römischen Kaiser Theodosius ermahnte, bevor er einen Urteilsspruch fälle, solle er seine innere Stimme alle Buchstaben des Alphabets hersagen lassen, um so zu einer umfassenden Lagebeurteilung zu kommen.

Dass das Aufsagen des Alphabets der Erbauung dient, wusste auch Wilhelm Busch. In seinem *Naturgeschichtlichen Alphabet* (1865) heißt es bei dem Buchstaben N: »Die *N*achtigall singt wunderschön, / das *N*ilpferd bleibt zuweilen steh'n.« Solche nach dem Alphabet aufgebauten Texte sind unter dem Namen »Abecedarium« bis heute als Eselsbrücken für Erwachsene und Lernhilfen für Kinder beliebt. Das Ordnungsprinzip des Abecedariums diente schon in mittelalterlichen Rechtsbüchern als probates Mittel, einen Text zu strukturieren. Bei einem Wörterbuch ist ein alphabetischer Aufbau unmittelbar plausibel. Jacob Grimm, der mit seinem Bruder Wilhelm das Großprojekt des *Deutschen Wörterbuchs* in Angriff nahm, fügte in seiner Vorrede aus dem Jahr 1854 aber noch ein inhaltliches Argument an: »alphabetische folge allein, möchte man sagen, sichert den einzelnen Wörtern ihre vorläufige unabhängigkeit und neutralität.«

Auch in dem Erfolgsroman *Die unendliche Geschichte* von Michael Ende aus dem Jahr 1979 beginnen die einzelnen Kapitel in fortlaufender Reihenfolge mit den 26 Buchstaben des lateinischen Alphabets. Die Entscheidung, die alphabetische Ordnung auch zur Folie der hier vorliegenden Betrachtungen zu machen, lag also nahe. Repräsentiert das Alphabet doch selbst eine unendliche Geschichte. Es trägt alle möglichen Buchstabenpermutationen aus 26 Lettern in sich und stellt so eine schier unerschöpfliche Quelle der Textkombinatorik dar.

Die im Alphabet in eine kanonische Ordnung gebrachten Buchstaben können indessen mehr als das, was wir gemeinhin mit ihnen anstellen. Wir stecken sie in ein Korsett von Sinn, Logik und Kohärenz und begrenzen ihren Geltungsradius auf möglichst eindeutige Aussage-Konzepte. Für den Wortschatz, der unsere Alltags-Kommunikation reguliert, also auf Verständlichkeit ausgelegt ist und Fehlinterpretationen zu vermeiden trachtet, mag das opportun sein. Die Poesie erkundet hingegen in der Sprache gerade solche Areale, in denen jenseits semantischer Engführung neue, unbetretene Bedeutungsfelder aufscheinen. Das Nützlichkeitsdiktat zu unterlaufen, die Grenzen der auf Gemeinverständlichkeit ausgerichteten Kommunikation zu verschieben und Störungen in die geläufigen Sprachstrukturen einzubauen, gehört zu den Antriebskräften poetischer Textarbeit. Wer literarisches Neuland betreten und den Atlas der Sprache erweitern will, muss sein Werk für verschiedene Lesarten offenhalten.

Dem Buchstaben-Universum kommt das entgegen. Denn es ist durch seine unendlichen Kombinationsmöglichkeiten viel weiter ausgedehnt als die durch Konventionen oder festgemauerte Regeln abgesteckten Sinnreservate. Ebenso wie unsere Buchstaben als abstrakte Zeichen die frappante Eigenschaft in sich tragen, komplexe und kohärente Botschaften zu übermitteln, führen sie auch das Potenzial mit sich, Doppelsinn, Unsinn, Nonsens oder Salat zu produzieren. In der experimentellen Dichtung, die sich als Spiel versteht, finden die Buchstaben einen Freiraum, in dem Konstellationen, die aus der Reihe tanzen, poetische Gestalt annehmen und literarisch produktiv werden können. Man muss nur das Anagramm befragen. **Chaos / Ach so**.

Siehe **Code** | **Gedicht** | **Würfel**

BUCH

In seiner Erzählung *Das Sandbuch* aus dem Jahre 1975 berichtet Jorge Luis Borges von einem bibliophilen Leser, der sich über einen Tauschhandel in den Besitz eines geheimnisvollen Buches bringt. Ist der so erworbene Band zunächst ein Objekt größter Leidenschaft, weiß sich sein Besitzer bald nicht mehr anders zu helfen, als das Werk und mit ihm die monströse Herausforderung, die es darstellt, möglichst schnell wieder loszuwerden. Borges erzählt von einem unendlichen Buch, das jedes Mal, wenn man es aufschlägt, ein anderes Repertoire an Texten bereithält. So wenig der Sand der Wüste einen Anfang und ein Ende hat, so gering mithin die Chance wäre, auf ein einzelnes Sandkorn ein zweites Mal zu stoßen, so unmöglich ist es, auch in diesem Buch noch einmal auf denselben Text zu treffen. »Dieses Buch hat nämlich eine unendliche Zahl von Seiten. Keine ist die erste, keine die letzte.«

Schließlich kapitulierte der passionierte Büchernarr vor jenem Band, der ihn anfänglich so in den Bann gezogen hatte, dass er dem fliegenden Händler, von dem er ihn erhielt, seine kostbarste Bibelausgabe überließ. Das unergründliche Buchstabenuniversum hat ihn zu einem Gefangenen des Textes gemacht. Also beschließt er, das *Sandbuch* ebenso fachgerecht wie unauffällig zu entsorgen. Dabei kommt ihm die Erinnerung an eine Textpassage gelegen, wonach das beste Versteck »für ein Blatt der Wald ist«. Ohne zu zögern trägt er das Buch in die Nationalbibliothek, in der er bis zu seiner Pensionierung gearbeitet hat, und deponiert es an einem wenig frequentierten Ort im Keller. Hier im Tempel der Buchkultur, auf dem Altar des Wissens, wo der Traum vom absoluten Buch begonnen hat, soll auch das unendliche Buch, das keiner mehr lesen, keiner mehr bewältigen kann, seine letzte Ruhestätte finden. Mit dieser ironischen Wende entlässt Borges die Leser aus seiner Geschichte. Nicht ohne allerdings seinem Protagonisten die Beteuerung in den Mund zu legen, nie wieder die Straße zu betreten, in der sich das Bibliotheksgebäude befindet.

1975 – im Erscheinungsjahr dieser Erzählung – zeichnete sich die neue Ära der digitalen Medien und mit ihr das allgegenwärtige Aufscheinen der Buchstaben auf Bildschirmen bereits ab. Ob der Seher Borges bei der Konstruktion seiner Erzählung an das Internet als ubiquitäre Textmaschine gedacht hat? Der Künstler Micha Ullman, der die Installation zum Gedenken an die Bücherverbrennung vom 10. Mai 1933 in Berlin gestaltet hat, ließ sich von Borges' Erzählung zu einem Zyklus mit dem Titel *Sandbuch I–V* anregen. Dort sieht man eine Reihe von rechteckigen Gegenständen, die in Größe und Form an aufgeschlagene, zugeklappte oder einfach nur daliegende Bücher erinnern. Die schweren Einbände sind aus rotem Stahl; dazwischen, wo sonst die Seiten sind, nichts als Sand, flüchtig und unendlich wie der Sahara-Staub. Diese Bücher enthalten keinen Text, keine Buchstaben, keinen Anfang und kein Ende. Alles ist in den Sand geschrieben.

Vorläufer dessen, was wir heute als Buch kennen, waren die Papyrusrollen der Ägypter, die bis ins dritte Jahrtausend v. Chr. zurückreichen. Papyrus war im Pharaonenreich der beliebteste Trägerstoff für Piktogramme, Schriftzeichen oder Bemalungen und wurde, wie der Sprachforscher

Harald Haarmann in seiner *Geschichte der Schrift* berichtet, noch bis ins 11. Jahrhundert von der päpstlichen Kanzlei in Rom für Urkunden verwendet. Das deutsche Wort »Buch«, mittelhochdeutsch *buoch*, hat seinen Ursprung in dem gleichnamigen Baum. Zuerst war die Buche, dann kam das Buch. In die glatte Oberfläche von Baumrinde, die sie zu kleinen Tafeln formten, ritzten die Germanen ihre Mitteilungen in Form von Runen. Auch die Römer beschrifteten Holz und Rinde. In dem lateinischen Wort *caudex* für Spross oder Stamm, von dem sich das Wort »Codex« herleitet, scheint die Herkunft des Holzes als Träger für Inskriptionen noch auf. In der Spätantike setzten sich von Holztafeln blockweise zusammengehaltene Papyrusblätter gegenüber der Schriftrolle endgültig durch. Als an die Stelle der meist gefalteten Papyrusblätter geheftete Seiten aus Pergament traten, wurde es möglich, durch den Text zu blättern, wichtige Stellen schneller wiederzufinden und zu markieren. Diese Eigenschaft war besonders beim philologischen Studium der heiligen Schriften von Vorteil.

Ein Text war in der Frühzeit der Schrift überhaupt viel weniger determiniert und konsistent, als es unser heutiges Verständnis nahelegt. Ein Beispiel bilden die Runentafeln der Germanen, die nicht nur der Sicherung oder Weitergabe von Informationen dienten, sondern auch zur Weissagung herangezogen wurden. Die Runen spielten Schicksal. Und das buchstäblich. Denn neben den kultischen Täfelchen wurden auch Buchen-Stäbe (gotisch *boka*), ähnlich wie später die Tarot-Karten, für Voraussagen oder Verheißungen konsultiert. Die germanische Buchstaben-Kunst hatte also neben ihrer pragmatischen auch eine spekulative Seite. Da kam es auf die Interpretation der Zeichen an, auf den Kontext und unterschiedliche Lesarten, weniger auf das monokausale Verstehen einer Mitteilung. Das Verständnis von Texten war nicht kanonisch oder dogmatisch, sondern situativ und verhandelbar. **Letternkonfusion / in Not funkelt Rose**

So bildete der Buchstaben-Kosmos in der germanischen Schriftkultur ein Arsenal mehrdeutiger Zeichen aus. Diese wollten entziffert und auch in dem, was zwischen den Zeilen stand, erfasst werden. Den Runentafeln der Germanen liegt noch kein Textverständnis zugrunde, wie es sich mit der Erfindung des Buchdrucks entwickelt hat. Erst aus einer Schriftkultur, in die sich die Geltung und die Autorität gedruckter Buchstaben eingeprägt haben, kann eine Aussage wie die aus Fausts Studierzimmer kommen: »Denn was man schwarz auf weiß besitzt, kann man getrost nach Hause tragen.«

Ein Unglücksfall, der sowohl die Abstammung des Buches vom Baum als auch die Herstellung von Papier, bei der das Holz der Bäume verarbeitet wird, aus tragischer Perspektive beleuchtet, sei an dieser Stelle angemerkt. Der Fall betrifft den österreichisch-ungarischen Schriftsteller Ödön von Horváth. Es war genau genommen der Fall eines Baumes. Horváth, der vor den Nazis nach Paris geflohen war und sich am 1. Juni 1938 im Café Marignan mit dem Regisseur Robert Siodmak verabredet hatte, um mit ihm über die Verfilmung des Romans *Jugend ohne Gott* zu sprechen, wurde auf dem Rückweg während eines Gewitters von einem herabstürzenden Ast auf den Champs-Élysées erschlagen. Tragisch ist dieser Tod auch deshalb, weil Horváth zeitlebens unter der Phobie gelitten hatte, er könne von den herabstürzenden Bänden seiner Bibliothek begraben werden. Was ihn dann tatsächlich traf, waren nicht die Bücher, sondern ihr Rohstoff.

Siehe **Würfel** | **Digitus** | **Lesen**

CODE

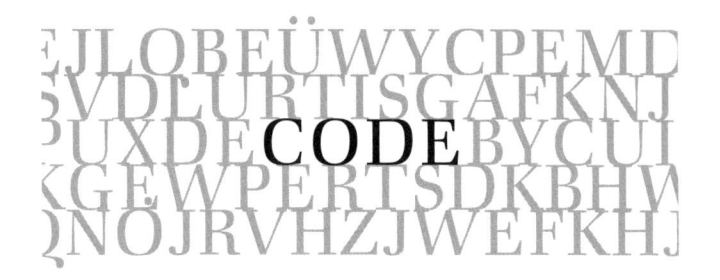

Von Cicero und Caesar weiß man, dass sie regelmäßig Geheimbotschaften ausgetauscht haben. Dabei verwendeten sie eine Verschlüsselungstechnik, die Caesar ausgeheckt hatte. Heutige Kryptologen nennen dieses Verfahren eine monoalphabetische Substitution. Bei dieser Technik wird die bekannte Abfolge der Buchstaben des Alphabets nach einem vorher vereinbarten Schlüssel neu bestimmt. Legt man z. B. fest, dass nicht A der erste Buchstabe des Alphabets sein soll, sondern C, dann verschieben sich auch alle anderen Buchstaben um zwei Positionen. Die Verschlüsselung für das Wort *Code* lautet dann *Eqfg*. Bei diesem Verfahren werden Nachrichten erst entzifferbar, wenn man die ursprüngliche Reihenfolge des Alphabets dagegenhält und den verschlüsselten Text Buchstabe für Buchstabe decodiert.

Ein anderer Verschlüsselungs-Trick besteht in der Neuorganisation des Alphabets nach der Häufigkeitsverteilung der Buchstaben. Für die deutsche Sprache lautet die Formel ENISRAT. Das E steht vorne, weil es die Hitliste der Buchstaben anführt. An zweiter Stelle folgt das N, dann das I, das S usw. In der kompletten Aufzählung aller 26 Buchstaben des Alphabets steht an letzter Stelle das Q. Anwendung fand diese Umgruppierung der Lettern zunächst im Morse-Alphabet, wo man für die am häufigsten auftretenden Buchstaben besonders kurze Codes einsetzte. Aber auch bei der ergonomischen Tastenbelegung von Keyboards ist – wie früher bei den Tastaturen von Schreibmaschinen – die Häufigkeitsverteilung der Buchstaben ein relevantes Kriterium. Deswegen ist die englische Tastatur anders aufgebaut als die deutsche.

Die am weitesten fortgeschrittene Form von analoger Codierungstechnik fand in der Verschlüsselungsmaschine *Enigma* Anwendung, die auf Seiten des deutschen Militärs im Zweiten Weltkrieg zum Einsatz kam. 40 000 Maschinen sollen zur Codierung der internen Kommunikation innerhalb der Streitkräfte in Gebrauch gewesen sein. Die mit walzenförmigen Rotoren, einer Tastatur und einem Anzeigefeld ausgestattete Maschine arbeitete nach dem Prinzip der polyalphabetischen Codierung, wobei jeder einzelne Buchstabe mit einer anderen Version des Alphabets verschlüsselt wurde. Der Unterschied zur monoalphabetischen Substitution besteht darin, dass bei der *Enigma* nicht ein Wort oder ein Satz nach ein und demselben Prinzip codiert wird, sondern jeder Buchstabe für sich nach einem komplexen kryptologischen Verfahren.

Seit Beginn des Zweiten Weltkriegs setzte die deutsche Wehrmacht die *Enigma* zur Codierung ihres Nachrichtenverkehrs ein. Aber auch die Gegenseite war nicht untätig. Mit Ausbruch des Krieges versammelte sich in Bletchley Park, einem Landsitz nordwestlich von London, eine Gruppe von Kryptoanalytikern unter Leitung des britischen Mathematikers Alan Turing, um die Verschlüsselungsmaschine der NS-Heeresleitung zu knacken. Bis zu 14 000 Frauen und Männer sollen zeitweise an der Decodierung der *Enigma* gearbeitet haben. Die Aktion, die unter dem Decknamen *Ultra* lief, war am Ende erfolgreich und konnte seit 1940 die verschlüsselten Befehle der deutschen Wehrmacht immer häufiger entziffern. Der Erfolg der Kryptologen hat maßgeblich zur Niederlage Deutschlands im Zweiten Weltkrieg beigetragen und war somit kriegsentscheidend.

An Codierungstechniken lässt sich anschaulich machen, dass die Buchstaben im Haus des Alphabets ein weitläufig vernetztes System von kombinationsfähigen Modulen bilden. Buchstaben sind nicht daran gebunden, immer in denselben Formationen aufzutreten. Sie können und müssen sich ständig neu sortieren, um verschiedene Bedeutungsfelder zu markieren. Die Melodie, nach der die Buchstaben tanzen, ist immer ein Code. Diesem Code kann eine konspirative Absprache zugrunde liegen, dann verstehen ihn wie in der Kommunikation von Cicero und Caesar nur die Eingeweihten. Der Code kann aber auch ein offizielles Programm sein. Dann müssen ihn viele Eingeweihte lesen können. Dieser Code trägt den Namen »Grammatik«.

Aber nicht nur Geheimdienste, auch die Literatur – zumal die experimentelle Literatur – arbeitet mit Codierungen und Textverschlüsselungen. Ihren Materialfundus findet sie in den Wörtern, in den Buchstaben. Ein poetischer Text, der den Raum der Sprache auch in den Unschärfebereichen neu vermisst, der nicht mit fertigen Botschaften aufwartet oder einen präexistenten Sinn unterstellt, löst die Wörter aus ihren vertrauten Kontexten und überführt sie in einen anderen Aggregatzustand. Wo eine Irritation der eingespielten Sprachgewohnheiten erfolgt, werden wir für die Ambivalenz der Wörter offen und können ihre poetische Struktur mit anderen Augen wahrnehmen.

Besonders deutlich treten Techniken, die mit literarischen Codes arbeiten, im Umfeld von Sprachspielen, Schreibalgorithmen oder jenen Textstrategien hervor, die im engeren Sinne auf Wort- und Buchstabenkombinatorik beruhen. Prominentes Beispiel ist das Anagramm. Dabei wird ein Wort oder eine Textzeile zur Bildung eines neuen Worts oder einer neuen Textzeile verwendet, ohne dass ein Buchstabe hinzugefügt oder weggelassen werden darf.

Geburt / Betrug; Natur / Unrat; Gehirn / Hering; Buchstabensalat / Taube, nachtblass. Den ältesten Anagrammfabrikanten hat Alfred Liede, der Autor der Studie *Dichtung als Spiel*, in Lykophron von Chalkis ausgemacht, der im dritten vorchristlichen Jahrhundert seinem Herrscher *Ptolemaios* mit der anagrammatischen Schmeichelei *apo melitos* (aus Honig) um den Bart fuhr. Liede vermutet die Ursprünge des Anagramms »im Dunkel der Orakelsprüche« und verlängert die Spuren dieses »Lieblingsspiels der Griechen« über die römische Literatur und die frühbarocken Glanzzeiten bis in die verzweigten Liniennetze der Avantgarden des 20. Jahrhunderts. Hervorzuheben sind hier besonders die Anagrammgedichte der Schriftstellerin und Zeichnerin Unica Zürn. Der Dichter Oskar Pastior fand für sie das schöne Namensanagramm *azur in nuce*.

Die Lesbarkeit der Welt zu erhöhen, indem man sie als ein kreatives Textprogramm versteht, ist ein Unternehmen, an dem sich die Schriftkundigen religiöser oder säkularer Herkunft, seit sich die Buchstabenzeichen als Kulturtechnik etablierten, in vielfältiger Form abgearbeitet haben. Mit jedem neuen Text vermehren sich auch die Lesarten dieses schier unerschöpflichen Programms. Dass der Raum des Wissens, wenn er Text wird, mit Metaphern vermessen wird, ist eine Erkenntnis, der der Philosoph Hans Blumenberg ein eigenes Werk gewidmet hat, für das die Metapher von der *Lesbarkeit der Welt* titelgebend wurde.

Wie tief das Codierungspotenzial der Buchstaben in die Grundlagen unseres Lebens hineinwirkt, zeigte sich zuletzt an dem Umstand, dass auch unser genetischer Code, um lesbar zu werden, in eine variierende Folge von Buchstaben gekleidet wurde. So lässt sich jedes genetische Muster durch die Kombination der Buchstaben C, T, A und G darstellen. Der Begriff des Codes für unsere Erbinformationen stammt

von dem Physik-Nobelpreisträger Erwin Schrödinger. Die Silbe *gen*, die in dem Wort genetisch steckt, können wir indes als die Schöpfungssilbe schlechthin markieren. In ihr ruht das initiale Gesetz. Wir finden sie in Genom, in Genesis, in Genus, in Genital, in Generation, in Genie, in Generator, in Genealogie, in Genre oder in der generativen Grammatik. Der Schlüssel zum Code unseres Erbguts führt wie der militärische Code der *Enigma* über die Buchstaben. In der Literatur folgen sie ihren eigenen Spielregeln.
Die Lesbarkeit der Welt / wer da lebt, leidet Krise.

Siehe **Erzählen** | **Unsinnspoesie** | **Würfel**

DIGITUS

Schreiben ist eine bestimmte Bewegung der Hand. Doch die konzentrierte Tätigkeit mit der Schreibhand erfordert einen hohen körperlichen Einsatz. Das wussten vor allem die Mönche des Mittelalters, die beim Kopieren der Texte klagten, dass zwar nur drei Finger schrieben, der ganze Körper aber an dem Prozess beteiligt sei: *tres digiti scribunt et totum corpus laborat*. In den Schreibstuben der mittelalterlichen Klöster saßen die Mönche tiefgebeugt über den heiligen Schriften. Dabei formten ihre Lippen die Laute nach, die sie vom Blatt ablasen. Eine konstante Tonspur begleitete die Arbeit der frommen Murmler und füllte so den Raum der Skriptorien mit leisem Geraune. Für einen fremden Besucher mag das wie ein babylonisches Sprachgewirr geklungen haben. Sehr anschaulich hat Ivan Illich die körperliche Arbeit der Mönche in seinem Buch *Im Weinberg des Textes. Als das Schriftbild der Moderne entstand* beschrieben.

Aber die frommen Murmler waren nicht nur willfährige Kopisten, sie waren auch Membranen. Der Text ging gleichsam durch sie hindurch. Zumindest für diejenigen unter den Mönchen, die das repetitive Schreibprogramm nicht als reine Fronarbeit ansahen, sondern als rituelle Form des Umgangs mit den heiligen Texten, stand nicht das mechanische und stumpfsinnige Übertragen von Zeichen im Vordergrund. Sie betrachteten das Werk des Kopisten als eine kontemplative Tätigkeit. Abschreiben bedeutet eben auch geistige Übung, Auseinandersetzung, Vergewisserung und impliziert eine Form der Aneignung ohne Besitzanspruch. Das weiß auch der Protagonist Carl in Lutz Seilers 2020 erschienenem Roman *Stern 111*, der sein Notizbuch mit Exzerpten füllt: »Das Abschreiben war eine Möglichkeit, sich dem Heiligen zu nähern.« Und so sieht Carl die Tätigkeit des Kopierens als »eine Art Gottesdienst«. Das lateinische Wort *copia* heißt Vorrat, Fülle, Reichtum. Und so sollte sich der notorische Abschreiber fühlen: ausgefüllt und bereichert.

Introspektion / Trost in Kopien

Auf die Frage, ob Gott selbst geschrieben hat, gibt das Buch *Exodus* Auskunft, das vom Bund Gottes mit dem Volk Israel kündet. In Kapitel 31, Vers 18 heißt es: »Nachdem der Herr aufgehört hatte, zu Mose auf dem Berg Sinai zu sprechen, übergab er ihm die zwei Tafeln des Bundeszeugnisses, steinerne Tafeln, beschrieben mit dem Finger Gottes.« Die Tafeln enthalten neben dem Dekalog auch die anderen zuvor erlassenen Gebote dessen, der am Anfang des heiligen Textes von sich selbst sagt: »Ich bin JHWH, dein Gott, der dich aus Ägypten geführt hat, aus dem Sklavenhaus.« Im Buch *Exodus* (32, 15-16) lesen wir weiter: »Mose kehrte um und stieg hinab, die zwei Tafeln des Bundeszeugnisses in der Hand, die Tafeln, die auf beiden Seiten beschrieben waren. Auf der einen wie auf der anderen Seite waren sie beschrieben. Die Tafeln hatte Gott selbst gemacht, und die Schrift, die auf den Tafeln eingegraben war, war Gottes Schrift.« Wenig später wird Mose die Tafeln, wie in dem berühmten Gemälde von Rembrandt festgehalten, im Zorn über sein Volk zerschlagen und muss im Auftrag Gottes neue anfertigen. Auf der Spur von Gottes Finger beschriftet er sie mit den Gebotstexten und wird so zum ersten Kopisten des heiligen Worts. Mose schreibt, und Gott führt ihm die Hand. Fünfzehn Unterweisungen sind auf den steinernen Tafeln festgehalten. Wie im Buch *Exodus* (20, 2–17) geschrieben steht, richtet sich Gott in direkter Rede an jedes einzelne Mitglied seines Volkes: »Du sollst« und »Du sollst nicht«.

Von dem lateinischen Wort *digitus* (Finger) leitet sich jener Begriff her, der zur Signatur einer ganzen Epoche geworden ist: das digitale Zeitalter. Was mit vielen fleißigen Schreibhänden in den Klöstern begann, mündet in unseren Tagen in ein komplexes System von Technologien, in dem alle Formen des Herstellens, Lesens, Bearbeitens und Konservierens von Texten und Bildern als digitale Dateien erfasst werden. »Technikgeschichte«, fasst der Publizist Eduard Kaeser in einem Essay für die *Neue Zürcher Zeitung* (24. März 2012) zusammen, »liesse sich geradezu anhand unserer Finger schreiben: vom Greifen und Klammern des Werkzeugs über das Umlegen von Hebeln und Drehen von Rädern an Maschinen, das Drücken von Knöpfen und Tasten an Automaten bis zum Führen der Maus und zum flüchtigen Streifen über das sensible Touchpad.« Kaeser sieht in dieser Entwicklung »eine Geschichte des kontinuierlichen Rückzugs unserer Hände und Finger aus unseren Aktivitäten«, und er konstatiert »die fortschreitende Entkörperlichung unserer Intelligenz«.

Schriftsteller wie der englische Science-Fiction-Autor Arthur C. Clarke haben die tiefen Einschnitte, die die Digitalisierung für unsere Lebenswelt bedeutet, schon früh erkannt. In der Erzählung *Die neun Milliarden Namen Gottes*, die Clarke 1953 veröffentlichte, reist der Abt eines tibetischen Klosters nach New York, um dort einen Großrechner zu erwerben. Als der Verkäufer ihn diskret fragt, wozu man im Kloster ein solches Daten-Monstrum brauche, lächelt der Abt und sagt: »Seit 400 Jahren arbeiten 200 Mönche daran, den Namen Gottes herauszufinden. Mit einem Computer – so haben wir hochgerechnet – müssten wir in zwei Jahren so weit sein.« Umgehend entsendet die Firma zwei Ingenieure nach Tibet, um den Großrechner zu installieren und den Mönchen mit der Programmierung behilflich zu sein.

Tag für Tag, Woche für Woche, Monat für Monat spuckt die Maschine schier endlose Datensätze aus, bis am Ende des zweiten Jahres einer der beiden Ingenieure zu seinem Kollegen sagt: »Morgen kommt der letzte Datensatz. Ich glaube, es ist Zeit zurückzukehren. Neulich hat mir ein Mönch im Vertrauen erzählt, dass nach einer alten Überlieferung Gott die Schöpfung zurücknimmt, wenn die Menschen seinen Namen entschlüsseln.« – »So weit wird es nicht kommen«, erwidert der andere. »Aber wenn die Maschine morgen die letzten Seiten auswirft und das Geheimnis des göttlichen Namens nicht entschlüsselt wird, dann wird man uns zur Rechenschaft ziehen.« Am nächsten Tag brechen die Ingenieure in aller Frühe auf und reiten die Hänge des Himalaja hinunter. »Jetzt muss gleich der letzte Ausdruck kommen«, sagt einer der beiden und macht sich über den Eifer der Mönche lustig. Noch einmal halten sie inne und werfen einen letzten Blick auf das Kloster. Da sehen sie über den Dächern die Sterne vom Himmel fallen.

Mit diesem apokalyptischen Bild endet die Erzählung Clarkes. All die vergeblichen Anstrengungen, den Namen Gottes zu entschlüsseln, haben die Zahl seiner Namen nur noch vermehrt. Auch in Zeiten, in denen die Rechnergeschwindigkeiten so rapide zugenommen haben, dass es immer schwieriger wird, dafür noch angemessene Zeiteinheiten zu definieren, sind wir einer Antwort nicht näher gekommen, sondern haben die Komplexität der Fragestellung gesteigert. Manch einer nennt das Fortschritt. Man kann aber auch von Scheitern auf höherem Niveau sprechen.

Die Himalaja-Erzählung Clarkes gehörte zu den Lieblingsgeschichten von Heiner Müller. Jene, die ihn gut kannten, berichten, er habe sie bei vielen Gelegenheiten erzählt. Nacherzählungen sind orale Formen der Reproduktion, der Vervielfältigung, der Kopie. Ob Heiner Müller der Schriftspur der Mönche gefolgt ist und die Geschichte von den neun Milliarden Namen Gottes auch abgeschrieben hat, wissen wir nicht. In einer handschriftlichen Notiz zu dem Gedicht *Herzkranzgefäß* vom 21. August 1992 heißt es: »… Der Tod ist groß d(as) Leben seine Falle / Der unbekannte Gott hat einen Namen.«

Siehe **Feder** | **Handschrift**

ERZÄHLEN

Nimmt man die Sprache beim Wort, leitet sich das Erzählen von der Zahl ab. Am Anfang war die Zahl, und die Zahl ist Erzählung geworden. Ursprünglich ist jeder Text eine Aufzählung. Die englische Sprache kennt diese Etymologie ebenfalls: *to count – the account*. Im Französischen heißt es: *compter – le conte,* und auch die italienische Sprache weiß um diese Gleichung: *contare – il racconto*. Der Medienwissenschaftler Jochen Hörisch hat in verschiedenen Studien über die Geldwirtschaft in der Literatur auf dieses Phänomen aufmerksam gemacht. Die Konversion von Zahlen in Buchstaben und umgekehrt ist indessen älter als die Etymologie der modernen europäischen Sprachen. So setzten die Römer ihre Schriftzeichen als universellen Code ein und schrieben ihre Jahreszahlen in Buchstaben. Im digitalen Zeitalter werden die Buchstaben wieder zu Zahlen und als binärer Code von 0 und 1 lesbar gemacht.

Historisch betrachtet gehört die Wechselbeziehung von Zahlen und Buchstaben in die vorhomerische Epoche. Als die Entwicklung der Alphabete noch in der Frühphase steckte, konnten die Buchstabenzeichen kontextabhängig als Zahlzeichen gelesen werden. Auch Homers Gesänge sind nach dem alphanumerischen Prinzip aufgeführt, bei dem der Buchstabe Alpha für die Zahl 1 und das Omega für die Zahl 24 steht. Einfache numerische Markierungen durch eingeritzte Striche oder Kerben sind der Entwicklung von Buchstaben- und Zahlzeichen vorausgegangen. Bevor man das Vieh benennen oder beschreiben konnte, hat man es gezählt.

Die Korrelation von Zahlen und Buchstaben wird in der Alphanumerik anschaulich, bei der den Buchstaben und später den Worten Zahlenwerte zugeteilt werden. Wenn man das lateinische Alphabet nimmt und jedem Buchstaben nach seiner Stellung eine Zahl zuordnet, ergibt sich das Schema A = 1, B = 2, C = 3 bis zum Buchstaben Z mit der Ordnungszahl 26. Aus der Summe der Buchstaben eines Wortes kann man nun seinen Zahlenwert errechnen. Das Wort »Zahl« kommt somit auf einen Wert von 47 (26+1+8+12). Die Kombination von Zahlen und Buchstaben ist eine schon früh nachweisbare Technik, um mithilfe solcher Operationen das Spektrum der Deutungen eines Textes zu erweitern. Für das Alte Testament ist dieses Verfahren gut belegt. In der kabbalistischen Tradition wurde die Technik der Kombination von Zahlen und Buchstaben unter dem Namen *Gematria* bei der Exegese heiliger Schriften angewendet. »Solche Hermeneutik«, schreibt der Medientheoretiker Friedrich Kittler in einem frühen Text, der in der Sammlung *Baggersee* (2015) erschienen ist,»hat eine historische Basis, die sie ermöglicht: die Doppelfunktion hebräischer Buchstaben, die sekundär auch für Zahlen einstehen.« Im antiken Griechenland und später in Rom hat dieses hermeneutische Verfahren unter der Bezeichnung *Isopsephie* eine eher poetisch inspirierte Ausprägung erfahren. Die Tradition des Chronogramms, bei dem man diejenigen Buchstaben, die auch als Zahlen gelesen werden können, typographisch hervorhebt und so eine Jahreszahl sichtbar wird, zeugen noch von diesem Brauch.

Aus den 26 Buchstaben unseres Alphabets und der Zahlenreihe von 0 bis 9 erhalten wir 36 Zeichen, die den Materialkern alphanumerischer Rechenoperationen bilden. Die kombinatorischen Möglichkeiten, die sich aus dieser

Konkordanz der Zeichen ergeben, erschließen der Sprache jenseits der vertrauten semantischen oder etymologischen Räume ganz neue Bedeutungsfelder. So kann das alphanumerische Verfahren nicht nur für die exegetische, sondern auch für eine prozessuale Arbeit am Text fruchtbar gemacht werden, in der der Zahlenwert der Wörter den Takt vorgibt.

Nehmen wir den Zahlenwert von 84. Hier versammelt sich unter den Verben eine illustre Gesellschaft. Wir greifen einige heraus: *erzählen, gewichten, markieren, pflanzen*. Auch die Adjektive wollen nicht nachstehen: *lyrisch, menschlich, himmlisch, kanonisch*. Und bei den Substantiven lesen wir: *Kompass, Lichtung, Kreatur, Quellcode*. Man kann also einen ganzen Thesaurus gewichteter Worte erstellen, der allein nach Zahlenwerten organisiert ist (siehe Literaturverzeichnis unter dem Namen des Autors). Und warum nicht ein Gedicht schreiben, bei dem alle Substantive auf denselben Zahlenwert hören? Auf dieser Basis lassen sich ungeahnte Wort- und Bedeutungsfelder betreten, neue Beziehungen zwischen fremden Wortfamilien herstellen und innovative Textverfahren erproben. So treten die Wörter in Konstellationen ein, aus denen Antworten auf nie gestellte Fragen vernehmbar werden. Für die Literatur ist das eine Einladung. **Erzaehlung / gruene Zahl**

Bereits im 12. Jahrhundert tat sich im Umfeld der französischen *Trobador*-Dichtung mit dem Herzog Guihelm IX. von Aquitanien ein Poet hervor, für den Raoul Schrott in seiner Studie *Die Erfindung der Poesie* den Ehrentitel bereithält, Guihelm sei »nicht nur der erste Trobador, von dem wir wissen, sondern auch der erste Dichter in einer modernen europäischen Sprache – und dabei einer der besten.« Die alphanumerische Technik verbirgt sich in Guihelms *Lied aus reinem Nichts* im Gewand eines Rätseltextes, dem sich Raoul Schrott mithilfe eines akribischen Entschlüsselungsprogramms genähert hat. »Ausgehend von der Symmetrie der Initialen am Beginn jeder Strophe und ihrem maßgeblichen Zahlenwert im 22stelligen lateinischen Alphabet wird die Häufung der Zahl Sieben erkennbar – die für die Initiale des Namens *Guihelm* steht ... Über den häufig vorkommenden Zahlenwert 29, der mit Guihelms Geburtsjahr zusammen 100 und abgerechnet die 42 Zeilen des Gedichts ergibt, erhält man zur Bestätigung dieser Lesart das Akrostichon *guillem ac ben condat* – Guihelm hat gut gerechnet.« Gut kombiniert hat indes auch Raoul Schrott, der das *Lied aus reinem Nichts* mit den Augen eines Kryptologen gelesen hat. In den Gedichten Guihelms tritt in der europäischen Literatur zur Zeit des Minnesangs eine Form der Lektüre auf, die in horizontaler Richtung dem Fluss der Lettern folgt und in vertikaler den Pegel der Ziffern abliest.

Wie eng das Erzählen mit den Zahlen und dem Rechnen liiert ist, belegt zudem eine kleine Begebenheit, die dem Mathematiker Charles Babagge zugeschrieben wird. Eines Tages erhielt der Dichter Lord Tennyson einen Brief von Babbage mit der Bitte, eine Gedichtzeile zu korrigieren. In einem Poem Tennysons hatte es geheißen: »Every minute dies a man / Every minute one is born.« Babbage bemerkte, dass nach den Gesetzen der Empirie bei dieser Rechnung die Weltbevölkerung immer konstant bleiben müsse. Für eine spätere Auflage seiner Gedichte hat Tennyson seine Verse modifiziert. Aus *minute* wurde *moment*. »Every moment dies a man / Every moment one is born.« Das kann man die Geburt der Dichtung aus dem Geist der Rechnung nennen.

Siehe **Code** | **Unsinnspoesie** | **Würfel**

FEDER

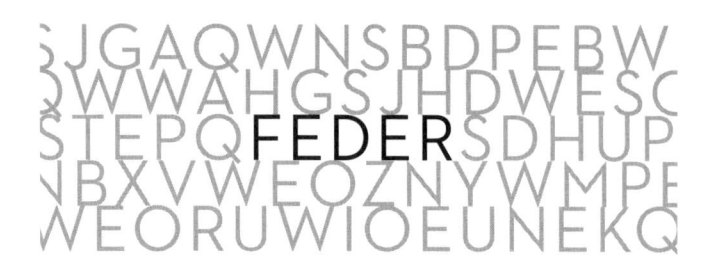

Der römische Kaiser Caligula, der für seine Willkürherrschaft berüchtigt war und in zeitgenössischen Quellen als sadistischer Tyrann beschrieben wird, hielt an seinem Hof regelmäßig Dichter-Wettkämpfe ab. Dabei mussten die unterlegenen Poeten – die *poetae minores* – ihre Wachstafeln so lange ablecken, bis alle Inskriptionen verschwunden und die Oberflächen blank waren. Ob man vor diesem Hintergrund die Usancen des Wettlesens, die in unseren Tagen bei Veranstaltungen wie dem Ingeborg-Bachmann-Preis oder den landauf, landab stattfindenden Poetry Slams gepflegt werden, als zivilisatorischen Gewinn bezeichnen kann, mag dahingestellt bleiben. Auch in der jüngeren Vergangenheit sind, wie z.B. der Geschichte der *Gruppe 47* zu entnehmen ist, Formen der Kritik überliefert, die den Demütigungen, wie sie die *poetae minores* einstecken mussten, kaum nachstehen. Als Fortschritt darf man hingegen die Entwicklung der Hardware festhalten. Mit einer Wachstafel erscheint heute niemand mehr bei einem Dichterwettstreit.

Wachstafeln waren besonders bei den Griechen, Römern und Etruskern in Gebrauch und wurden durch das Einritzen von Buchstaben mithilfe eines Griffels, dem *stilus*, beschriftet. Wie man am Beispiel der Wettkämpfe am Hofe Caligulas sieht, brachten Wachstafeln den unbestreitbaren Vorteil mit sich, dass die Inskriptionen wieder getilgt werden konnten. Das ging zwar nicht so leicht wie mit der

Delete-Taste, konnte aber auch ohne den mühsamen Einsatz der Zunge bewerkstelligt werden. Dazu drehte man den *stilus* um, schabte mit dem spachtelförmigen Ende die Inskriptionen vorsichtig von der Wachsoberfläche, glättete die bereinigte Stelle und überschrieb sie. Die Spitze des *stilus* war aus Eisen, Bronze, Knochen oder Elfenbein, jedenfalls aus einem harten Material. Wer es sich leisten konnte, benutzte Silber. Seit dem vierten nachchristlichen Jahrhundert ist der Federkiel, meistens von der Gans, als Schreibutensil bekannt. Später wurde eine Spitze aus Stahl oder Gold in den Kiel eingeführt. Das Prädikat »Edelfeder«, mit dem im Journalismus ein gleichermaßen kultivierter wie eleganter Stil bezeichnet wird, könnte auch im Hinblick auf das Schreibgerät, das im Laufe der Jahrhunderte eine Nobilitierung erfahren hat, Anwendung finden.

Traditionell war der Gebrauch eines Federkiels von Vorteil, wenn man Botschaften mit unsichtbarer Tinte austauschen wollte. Dabei tauchte man den Schaft der Vogelfeder in eine Flüssigkeit aus Essig und Zitronensaft und schrieb auf ein weißes Blatt Papier. Der Empfänger der Botschaft musste das Blatt über eine brennende Kerze halten und konnte so die Schrift sichtbar machen. Heute führt der Federkiel ein eher esoterisches Dasein, allenfalls in der Kalligraphie findet er noch ein inspiriertes Betätigungsfeld. Auch um den Griffel, der schon in mesopotamischen Urzeiten als Schreibinstrument eingesetzt wurde, ist es still geworden. Als digitale Spätform kann der *Touchpen* gelten. Schreiben kann man freilich mit diesem Gerät nicht. Man setzt es anstatt der Finger ein, um auf der Oberfläche eines *Touchscreens* das Eingabefeld mit Schrift- und Zahlzeichen zu füllen. Unsere Finger sind indessen evolutionär nicht dafür geschaffen, digitale High-End-Geräte zu bedienen, bei denen die Bildschirme und die Tastaturfelder immer kleiner werden.

Derweil können wir uns an Nietzsches Diktum halten, der 1882 an Heinrich Köselitz schrieb: »Unser Schreibzeug arbeitet mit an unseren Gedanken«. Maschinen- oder handschriftliche Manuskripte von Schriftstellerinnen und Schriftstellern, in denen die verschiedenen Bearbeitungsstufen noch sichtbar sind, liefern dafür reichlich Anschauungsmaterial. Sei es, dass die Schreibhand, um bei einem komplexen Plot mit vielen Erzählsträngen und wechselnden Schauplätzen nicht die Übersicht zu verlieren, auf dem Konzeptpapier eine architektonisch anmutende Strukturskizze entworfen hat, sei es, dass der Text in die Tastatur einer Schreibmaschine gehämmert und dann von Hand mit zahlreichen Anmerkungen, Ergänzungen, Verweisen und Korrekturzeichen versehen wurde. Es soll aber auch vorkommen, dass ein Stoß makellos bedruckter und typographisch korrekt gesetzter Papierbögen das Ausgabefach eines Druckers verlässt. In jedem Fall gilt mit Nietzsche, dass sich der Modus der Maschinen auch im Gestus des Geschriebenen bemerkbar macht. **Der Traum der Maschine / auch im Meer der Strand**

Bevor wir uns einer Tastatur bedienten, um einen Text zu erstellen, war die Maschine längst zum ultimativen Taktgeber des Alltags geworden. Zumindest wenn man Jean Pauls Erzählung *Der Maschinenmann nebst seinen Eigenschaften* aus dem Revolutionsjahr 1789 glauben darf. »Ich will mir einmal das Vergnügen verstatten«, so der Dichter, »mir einzubilden, der Mensch wäre schon auf eine viel höhere Stufe der Maschinenhaftigkeit gerückt und er stünde auf der höchsten und hätte statt der 5 Sinne 5 Maschinen.« Für diese Kulturstufe stellt Jean Paul einen Maschinenpark zusammen, der auch in unseren Tagen dem Programm eines unbeschwerten Daseins-Managements alle Ehre machen würde. Da gibt es neben der Schreib- und Rechenmaschine eine Sprach- und Komponiermaschine, eine mysteriös bleibende Extemporisiermaschine und sogar eine Betmaschine. Adressiert hat Jean Paul seine Erzählung an die Bewohner des Gestirns Saturn, weil er nicht glaubte, seinen irdischen Mitbürgern noch viel Neues in dieser Angelegenheit mitteilen zu können. So errang die Maschine schon früh den Status einer planetarischen Angelegenheit.

Siehe **Digitus** | **Inskription** | **Handschrift**

GEDICHT

Es geschah in der Nacht vom 10. auf den 11. November 1619, als der 23-jährige René Descartes mit der bayrischen Armee, in deren Dienst er sich befand, im Quartier bei Ulm lag. Es muss ein extrem kalter November gewesen sein. Wie sein Biograph Adrien Baillet berichtet, hatte Descartes in dieser Nacht drei Träume, die philosophischen Erweckungserlebnissen gleichen. Auch sein berühmtes Diktum *cogito ergo sum* soll auf diese Traumnacht zurückzuführen sein. Im dritten Traum entwickeln die Buchstaben ein Eigenleben. Descartes findet auf seinem Tisch einen Gegenstand vor, der einem Buch ähnelt. Als er es aufschlägt, sieht er, dass es sich um ein Wörterbuch handelt. Dann fällt sein Blick auf eine Gedichtsammlung mit dem Titel *Corpus poetarum*, die ebenfalls auf seinem Tisch liegt. Als er die Anthologie aufschlägt, stechen ihm die Verse *Quod vitae sectabor iter?* / »Welchen Weg werde ich einschlagen?« ins Auge. Plötzlich erscheint ein Unbekannter, der ihn auf einen Vers aufmerksam macht, den Descartes im Werk des Idyllendichters Ausonius verorten kann, für den er in seinem Exemplar des *Corpus poetarum* aber keinen Beleg findet. Indessen ist das Wörterbuch verschwunden.

Als es schließlich am anderen Tischende wieder auftaucht und Descartes das Buch öffnet, bemerkt er, dass es nicht mehr vollständig ist. Derweil erscheint in der Gedichtsammlung der gesuchte Vers des Ausonius. Haben sich

Buchstaben aus dem Wörterbuch davongeschlichen und sind, poetisch permutiert, in der Gedichtanthologie wieder aufgetaucht? »Am Anfang der neuen Philosophie steht die Dichtung«, resümiert Henning Ritter in der *Frankfurter Allgemeinen Zeitung* (14. Januar 2010) diese Winternacht und fragt: »Hätte Descartes aufgrund seiner Träume nicht auch den Weg der Poesie wählen können?« Bei Jacob Grimm wäre er auf Zustimmung gestoßen. Ist es doch, wie dieser in seiner Vorrede zum *Deutschen Wörterbuch* betont, »die gewalt der poesie, die in jeder sprache das meiste vermag.«

In dieser extrem kalten Novembernacht im Winterquartier bei Ulm haben offenbar einige Buchstaben die Seiten gewechselt. Aber wie haben sie aus dem Wörterbuch herausgefunden, um im *Corpus poetarum* zu neuem Leben zu erwachen? Die Wieder-Erkennbarkeit macht eine Ansammlung von Buchstaben noch nicht zu einem literarischen Text. Rein empirisch gesehen ist ein Gedicht, wie der Lyriker Ulf Stolterfoht bemerkt hat, der eher unwahrscheinliche Fall von Sprache. Was aber zeichnet einen poetischen Text aus? Und was unterscheidet ein Gedicht von einem beliebigen Gebrauchstext?

Ein Gedicht ist ein Sprachkunstwerk. Eine inspirierende Idee allein reicht nicht. Ein Gedicht will geformt, gebaut, hergestellt werden. *Satzbau* lautet der programmatische Titel eines Gedichts von Gottfried Benn. In dem Wort »Poesie« klingt noch das griechische Verb *poiein* nach, das den Prozess des Herstellens bezeichnet. Es sind die Sprache und der Klang, der Stil und der Sound, die ein Gedicht vor allem auszeichnen. Erst in zweiter Linie ist es der Inhalt, eine Aussage oder eine Botschaft. Der Germanist Heinz Schlaffer hat das auf die Formel gebracht: »Gedichte sind kurz, doch treiben sie – gemessen an dem Wenigen, was sie mitteilen – einen großen Aufwand mit der Sprache.« Ein

Impuls, eine Eingebung oder eine Impression können am Beginn stehen, dann aber beginnt erst die Arbeit am poetischen Text. Stéphane Mallarmé hat das gegenüber dem Maler Edgar Degas präzise auf den Punkt gebracht. Nachdem Degas, der sich auch als Dichter sah, an den Freund geschrieben hatte, er habe so viele Ideen, komme aber mit seinem Dichten einfach nicht zu dem Ergebnis, das ihm vorschwebe, teilte Mallarmé ihm lapidar mit: »Verse macht man nicht mit Ideen, mein lieber Degas«, »c'est avec des *mots.*« Es sind die Worte. **Folge der Linie der Wörter / Idole feiern der Regel Wort**

»Ein Gedicht ist eine kleine (oder große) Maschine, hergestellt aus Worten«, heißt es bei dem amerikanischen Dichter William Carlos Williams. »Nichts an einem Gedicht ist sentimentaler Natur; damit will ich sagen: es darf so wenig wie irgendeine andere Maschine überflüssige Teile enthalten.« Die Maxime lautet mithin Beschränkung, kein Ballast oder Beiwerk. Sonst kommt es im Ablauf zu Komplikationen. So wird bei William Carlos Williams, der ein Großmeister äußerst verknappter Gedichte war, der Bauplan einer Maschine zur Blaupause für ein Gedicht.

Es kommt also auf jeden einzelnen Buchstaben an. Schließlich stellen die Buchstaben den Materialkorpus für das Verfassen eines Gedichts dar und wollen punktgenau gesetzt sein, damit sich die Elemente des poetischen Baukörpers passgerecht zusammenfinden. Indessen sind die Buchstaben seit Beginn des 20. Jahrhunderts, ähnlich wie ihre Artgenossen 300 Jahre früher bei Descartes, ausgeschwärmt, um sich neue Räume zu erschließen. Die Buchstaben des sich ausdifferenzierenden Kommunikationszeitalters haben das zweidimensionale Medium Buch verlassen und sich bei den Nachbardisziplinen umgeschaut. Als Kronzeugen einer der prägendsten Entwicklungen für die Künste in diesem Jahrhundert stehen sie für jene poetischen Expansionen, bei denen die Grenzen zwischen Text, Bild und Ton durchlässig geworden sind. So hat das Zusammenspiel vormals getrennter Genres, sei es in der visuellen oder in der akustischen Poesie, sei es im Film, im Radio, auf der Bühne oder auf dem Bildschirm, sei es in Form von Inszenierungen, Installationen oder Performances, ganz neue Konstellationen hervorgebracht. Ihr kleinster gemeinsamer Nenner ist der Buchstabe.

Aber man greift zu kurz, wenn man in den Buchstaben lediglich frei flottierende Module sieht, die sich von alten technischen oder neuen elektronischen Medien in Dienst nehmen lassen. Schauen wir in die englische Sprache, finden wir einen Beschreibungsmodus, der sehr genau im Blick hat, worum es bei den Buchstaben geht. Jedenfalls stattet man sie mit einem veritablen Eigenleben aus, wenn man sie *characters* nennt. Jeder einzelne Buchstabe ist sowohl als Schriftzeichen wie als Lautzeichen ein Solitär und als solcher unverwechselbar. Aber tun wir unseren Buchstaben nicht Unrecht, wenn wir sie nur als abstrakte und ephemere Gebilde betrachten? Gelegentlich empfiehlt sich ein Blick zurück auf die Ursprünge. Gerade in ihren Anfangszeiten waren die Buchstaben ganz konkrete Gegenstände unserer Wahrnehmung, nicht selten aus Fleisch und Blut. Wie jener Ochsenkopf, der als Vorlage des *Aleph* diente, des ersten Buchstabens des phönizischen und des hebräischen Alphabets.

Young Woman At A Window

She sits with
tears on
her cheek
her cheek on

>   her hand
>   the child
>   in her lap
>   his nose
>   pressed
>   to the glass

William Carlos Williams

Siehe **Alphabet** | **Faktor X** | **Rhapsode**

HANDSCHRIFT

Das weiße Blatt Papier liegt da, als ob es immer da gelegen hätte – makellos, blütensauber, leer. Das Blatt hat nicht darauf gewartet, mit Zeichen bedeckt zu werden. Es fragt nicht nach Sinn, nach Bedeutung, nach Erklärungen. Papier ist geduldig, sagt man. Also greifen wir nach einem Schreibutensil und rücken das Blatt zurecht. Es geht uns nicht darum, einen originären Text zu Papier zu bringen, es geht um die Handschrift, um den Akt des Schreibens, um das Schriftbild, um die Bewegung der Hand, um die Übung. Nicht nur um den Text, auch um die Textur, nicht nur um die semantische Seite der Schrift, auch um die physische Präsenz der Buchstaben, nicht nur um den Sinn der Mitteilung, auch um die Sinnlichkeit des Schreibvorgangs. Aus dem Papierstapel auf dem Schreibtisch ziehen wir einige Blätter hervor. Da ist das Gedicht von Heiner Müller mit dem Titel *Ende der Handschrift*, das uns gestern plötzlich wieder in die Hände gefallen ist; da ist der Essay über die Hirnforschung, in dem wir gelesen haben, wie Nervenzellen ein Neuronenfeuer entfachen, wenn sie Informationen transportieren; und da liegt ganz unten Peter Handkes *Niemandsbucht* mit der aufgeschlagenen Seite über den »Gernwarter«, den wir schon fast vergessen hatten und der uns bei der Wiederbegegnung plötzlich ganz unbekannt und dennoch vertraut erscheint. Wir rücken das leere Blatt näher und beginnen mit der Transkription der

Handke-Passage. Es ist die persönliche Signatur unserer Handschrift, die den Text beglaubigt.

»Folge der Linie der Wörter«, lautet die Widmung in Max Benses Gedichtband *Das graue Rot der Poesie*. Auf dem Grund des Schreibens mit der Hand erscheint die körperliche Spur der Zeichen. Die Tätigkeit des Schreibens vollzieht ja nicht nur eine Bewegung des Geistes nach, sondern ist ganz unmittelbar selbst Bewegung. Dahinter steht ein hochkomplexer sensomotorischer Vorgang, in dem sich Haptik und Motorik, Sprach- und Schreibkompetenz, Denk- und Lernfähigkeit zu einer konzertierten Aktion zusammenfinden. Die Kulturtechnik des Schreibens führt Hand und Hirn zusammen.

Die Handschrift begleitet uns ein Leben lang, man kann sie lesen wie den Subtext zu einer Biographie. »Wie oft sich meine Handschrift verändert hat : von steifer kindlicher Fraktur, zur durch die Fremdsprachen geförderten Antiqua, dann ein wunderliches Gemisch von beiden«, stellt der Protagonist in Arno Schmidts *Aus dem Leben eines Fauns* (1953) fest. Über die Spanne eines Lebens wird die Handschrift zum Zeugnis einer individuellen Geschichte, in die sich Präferenzen und Passionen, Ressentiments und Aversionen, Selbstbehauptung und Willenskraft, Charakter- und Stilbildung einschreiben und ihren spezifischen Abdruck hinterlassen. Mit der Hand schreiben heißt, »mit fünf Fingern *Ich* zu sagen« (Tilman Allert).

Kann das Bedienen einer Tastatur die Handschrift ersetzen? Nein. Aber die Tastatur kann die Textarbeit ergänzen und erweitern. Buchstaben auf Bildschirmen entstammen den Textverarbeitungsprogrammen von Computern. Eigenschaftslos und uniform stehen sie da. Man kann sie modifizieren, umstellen oder löschen. Sie bilden ein manövrierfähiges Repertoire, in dem man keinen persönlichen

Abdruck, keine Spur einer körperlichen Tätigkeit, keine Anzeichen der Arbeit am Text mehr findet. Man sieht den Bildschirm-Buchstaben die Mühe des Gedankens, das drohende Scheitern, das ganze Entstehungsdrama eines komplexen Textgeschehens nicht mehr an. Die Bildschirm-Schrift ist verschwiegen und ohne besondere Kennzeichen, sie hat sich gegen ihre Benutzer immunisiert, sie ist kalt, unhintergehbar und ohne Geheimnis. Aber sie ist praktisch, ökonomisch, leicht lesbar und bedienungsfreundlich. Und das macht sie unschlagbar.   **Es ist nichts dahinter / Sinn hat Risse, dichtet**

Wenn wir uns den Bauplan eines Textgebäudes, die Architextur, die Tektonik und das Gerüst, in das Grammatik, Syntax und Stil eingeschrieben sind, veranschaulichen wollen, müssen wir z.B. nach dem Typoskript von Arno Schmidts *Zettel's Traum* greifen mit all den Überschreibungen, Durchstreichungen, hand- und maschinenschriftlichen Annotationen, in denen ein Text im, neben und über dem Text sichtbar wird und nicht mehr danach unterschieden wird, was Haupttext, Subtext, Kommentar oder Streichtext ist. Oder wir führen uns den Aufriss von Heimito von Doderers *Die Dämonen* vor Augen, in dessen dichtem Liniengeflecht die Topographie von Orten, die Beziehungen zwischen Personen sowie das Netz von Handlungsfäden und Motivverknüpfungen kartographiert werden. In den Vektoren dieser Entwurfsskizze zu einem Roman treffen sich Kalkül, Konzept und Konstruktion. Oder wir schauen uns Gerhard Rühms akribisch ausgetüftelte Text-Partitur für ein Hörspiel an, die ein ganzes Arsenal von sorgfältig verschrifteten Zeichen versammelt, bei dem Buchstaben, Zahlen, Noten und Notate dem Text und dem Ton den Weg vom Blatt in die akustische Umsetzung vorzeichnen.

Wenn man bei der Schrift nicht selbst Hand anlegt, sei es mit dem Stift oder an der Tatstatur einer mechanischen Schreibmaschine, begibt man sich dieser Ausdrucks- und Darstellungsmöglichkeiten. Das Bedienen einer digitalen Tastatur, so haben wir gesagt, kann die Handschrift nicht ersetzen. Aber sollen wir deshalb auf die Bildschirmschrift verzichten? Die Frage stellt sich nicht. Denn mittlerweile spricht alles für eine friedliche Koexistenz der Handschrift und der digitalen Lettern bei gegenseitiger Anerkennung der Leistungen und Vorzüge. Im Übrigen entwickelt auch die Arbeit mit der Maschinenschrift ganz eigene ästhetische Reize. Bei Siegfried Kracauer war es der Charme der Mechanik, die ihn in den Bann der Arbeit mit der Schreibmaschine zog: »Das Gestänge, das die Typen trägt, hat die Schlankheit von Flamingobeinen«, schwärmte er in einem Text, dem er den zärtlichen Titel »Das Schreibmaschinchen« gab. Tucholsky nannte seine Schreibmaschine ein »Gedankenklavier«.

Das melodische Repertoire der mechanischen Schrift ruft derweil ganz unterschiedliche Partituren auf den Plan. Ist für das Schriftbild der konkreten Poesie, wie wir es in Textarbeiten von Eugen Gomringer oder Claus Bremer, von Ernst Jandl, Franz Mon oder Timm Ulrichs kennen, die Schreibmaschine nicht konstitutiv? »Die konkrete Poesie«, schreibt der Literaturwissenschaftler Friedrich Kittler in *Baggersee*, »hat ihre Konkretheit, ihr materiales Substrat, an der Schreibmaschine ... Hinter die Schreibmaschine kann der Schreiber nicht zurück ...« Heute ist es die von unten beleuchtete Tastatur, die dem Nimbus der Schrift eine neue Präsenz einhaucht und die Buchstaben mit einer diskret illuminierten Aura versieht. Das mutet fast wie eine Heiligsprechung an – jedes einzelne Zeichen in einer Aureole aus LED-Licht.

Wer sich allerdings mit seiner Leidenschaft für das Transkribieren einer Bildschirmoberfläche gegenübersieht, lässt bald die Finger wieder sinken und macht sich auf die Suche nach Papier und Schreibgerät. Das Transkribieren braucht die Körperspur der Handschrift, sonst bleibt es eine fade Angelegenheit. Auch im Sinne dieser Übung sollten wir die persönliche Signatur nicht auf dem Altar der Bildschirmtastatur opfern.

Siehe **Feder** | **Digitus** | **Jota**

INSKRIPTION

An Bord von Herman Melvilles Roman *Moby Dick* (1851) treffen wir auf den Harpunier Queequeg, einen Analphabeten, der sich auf seiner Heimatinsel in der Südsee von einem Seher zahlreiche Tattoos mit einem mythopoetischen Bilderreigen – »eine vollständige Theorie des Himmels und der Erde« – in die Haut hat stechen lassen. Seine Körperoberfläche wird »lebendiges Pergament« genannt. Als der Harpunier schwer erkrankt und sein Ende nahen fühlt, ordert er beim Schiffszimmermann einen Sarg und graviert in den Deckel all die archaischen Zeichen, mit denen der Seher in der fernen Heimat einst seinen ganzen Körper beschriftet hatte. Auf diese Weise sollten die Inskriptionen wenigstens symbolisch überleben, wenn seine sterblichen Überreste in die Erde gesenkt werden.

Inskriptionen und Inschriften waren seit jeher vorrangig für die Nachwelt bestimmt. Deshalb wurden sie in Ton geritzt, in Stein gemeißelt oder später in Metall geprägt. Inschriften dienten als Ausweis von militärischer Macht, weltlicher Herrschaft oder als Signum persönlicher Autorität. So ließ Dareios der Große, Herrscher des altpersischen Achämenidenreichs, im sechsten vorchristlichen Jahrhundert ein Großrelief in ein Felsmassiv hauen, auf dem die Herrscherdynastie vor einer Gruppe von gefesselten Gefangenen dargestellt ist. Darunter befindet sich ein Fries mit mehreren beschrifteten Tafeln, die in drei Sprachen –

Altpersisch, Elamisch und Babylonisch – von Dareios' Größe und seinem heroischen Aufstieg zur Macht künden. Der in assyrischer Keilschrift verfasste Text konnte Mitte des 19. Jahrhunderts zugeordnet und entziffert werden. Im Jahre 2006 wurde die Inschrift in das UNESCO-Welterbe aufgenommen.

Körper-Inschriften, Tätowierungen oder Tattoos sind die ältesten bekannten Inskriptionen überhaupt. Bevor man Ton oder Steine bearbeitete, wurde in die Haut geritzt. Das Alter der Gletschermumie Ötzi, die 1991 in Südtirol entdeckt wurde, wird auf über 5 000 Jahre geschätzt. Durch Untersuchungen mit Lichtquellen verschiedener Wellenlänge konnte man auf dem Körper der im Eis gelagerten Mumie 61 Tätowierungen nachweisen. Tätowierungen dienten ursprünglich als rituelles oder sakrales Zeichen. Auch zeigte eine Körper-Inschrift die Zugehörigkeit zu einer Gruppe oder Sippe an. Später waren es besonders Außenseiter oder Mitglieder gesellschaftlicher Randgruppen wie Seeleute oder Strafgefangene, die als Zeichen der Selbststigmatisierung eine Tätowierung trugen. Neben dem Stigma war es oft auch der Außenseiter-Stolz, mit dem eine Tätowierung zur Schau gestellt wurde.

Heute dominiert das Tattoo als Medium der Individualisierung, als kommunikatives Element, als Mittel der Distinktion oder schlicht als modisches Accessoire. Mit dem Ausbruch aus dem Ghetto ist das Tattoo in den Raum der ubiquitären Selbstinszenierung eingetreten. Von da aus ist der Weg zur Kunst nicht weit. So hat der belgische Konzeptkünstler Wim Delvoye den Rücken eines Mannes mit einem großflächigen Tattoo bedeckt, auf dem u. a. eine Madonna, ein Totenschädel, Vögel, Fledermäuse sowie diverse florale Muster zu sehen sind. Die Haut diente dabei als Bildträger. Der Mann, dessen Rücken das dekorative Tattoo schmückt, musste sich verpflichten, jedes Jahr drei bis vier Wochen für Präsentationen zur Verfügung zu stehen. Sein Rücken-Tattoo ist kurz nach der Fertigstellung für 150 000 Euro an einen Sammler verkauft worden. Stirbt der Träger des Tattoos, so sieht es der Kaufvertrag vor, wird seine Rückenhaut für den Sammler oder dessen Erben konserviert. Da halten wir uns lieber an ein Tattoo des selbsternannten »Totalkünstlers« Timm Ulrichs. Er hat sich auf sein rechtes Augenlid den Schriftzug THE END stechen lassen. Verfügungen über den Tod hinaus wurden keine getroffen. **Das Transzendente / sendet dann Ersatz**

Pervertiert wurde die Praxis der Tätowierung von den Nationalsozialisten, die die Insassen des Konzentrationslagers Auschwitz nicht mit Namen, sondern anhand einer eingestochenen Häftlingsnummer auf dem Unterarm registrierten. Die Funktion der Tätowierung zu Folterzwecken war zu dieser Zeit lange bekannt. Bei Kafka wurde sie Literatur. In seiner Erzählung *In der Strafkolonie* verlieren die mythischen, sakralen oder rituellen Zeichen auf der Haut ihre Unschuld und formulieren das Todesurteil, das ein »eigentümlicher Apparat« dem Delinquenten Buchstabe für Buchstabe unerbittlich in den wunden Körper sticht. Für dieses Folterinstrument hat, wie die Schriftstellerin Susanne Fritz schreibt, die archaische und die moderne Technikwelt Pate gestanden, »eine Kreuzung aus Schreibmaschine und elektrischem Stuhl, aus nadelbestücktem Phonographen und landwirtschaftlichem Gerät, aus Fräsmaschine und Tätowierungspistole, Kriegsgerät und Apparaturen aus psychiatrischen Heilanstalten wie Drehbeschleunigern und Elektroschockgeräten«. Innerhalb einer zwölfstündigen Peinigungsprozedur wird dem Delinquenten, der wegen »Ungehorsam und Beleidigung eines Vorgesetzten« bestraft werden soll, mit einer Blut-Egge das Todesurteil in den Körper geritzt. Da werden die Buchstaben des Alphabets nicht nur als Boten des Urteils in Dienst genommen, sondern fungieren zugleich als Organe der Vollstreckung. Der Apparat sei alt, klagt der Offizier in der Strafkolonie, und Ersatzteile seien immer schwerer zu beschaffen, dabei gehe es doch um ein hohes Gut: die »Erlösung« des Verurteilten.

Kafka hat seine Erzählung im Oktober 1914 verfasst. Am 28. Juli war mit der Kriegserklärung Österreich-Ungarns an Serbien der Erste Weltkrieg ausgebrochen. Als der Text 1919 veröffentlicht wurde, war der Krieg vorbei. Die Zahl der toten Soldaten wird auf acht bis zehn Millionen geschätzt, dazu kommen ca. zwanzig Millionen Verwundete – von den Millionen ziviler Opfer ganz zu schweigen. Der Schock saß tief und sollte in der Erinnerung fortleben. In Deutschland ist die Anzahl von Kriegerdenkmälern besonders hoch. Sie wird mit über 100 000 angegeben. Die meisten dieser Denkmäler tragen Tafeln, auf denen die Namen von gefallenen oder vermissten Soldaten eingraviert sind. Inskriptionen als Mahnung für die Nachwelt. Stein ist härter als Haut.

Siehe **Passwort** | Ostrakon

JOTA

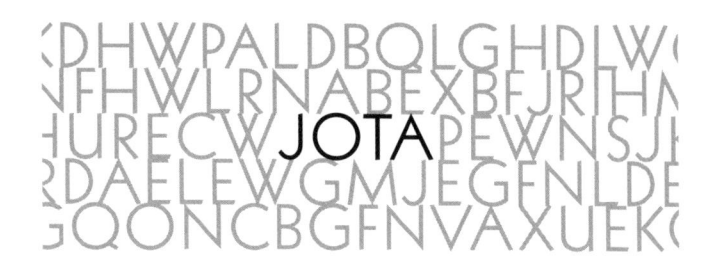

In Goethes Entwicklungsroman *Wilhelm Meisters Lehrjahre* gibt es eine Szene, in der die Theatertruppe um Wilhelm den *Hamlet* von Shakespeare einübt. Wilhelm, der sich mit allen Fasern dem Ziel verschrieben hat, »mich selbst, ganz wie ich da bin, auszubilden«, und als Initiationsort seiner Neuschöpfung die Bühne erkoren hat, findet sich unversehens in eine Art Regiebesprechung mit der Schauspielerin Aurelie verwickelt. Aurelie soll die Ophelia spielen, traut sich die Rolle auch zu, aber sie hat Fragen: »Hätte der Dichter seiner Wahnsinnigen nicht andere Liedchen unterlegen sollen? Könnte man nicht Fragmente aus melancholischen Balladen wählen? Was sollen Zweideutigkeiten und lüsterne Albernheiten in dem Munde dieses Mädchens?« Wilhelm hört sich ihre Einwände an, versichert ihr, dass auch dieser »anscheinenden Unschicklichkeit« ein »großer Sinn« zugrunde liege, und kommt deshalb zu einem klaren und unmissverständlichen Schluss: »Beste Freundin, ich kann auch hier nicht ein Jota nachgeben.« Mit diesem geflügelten Wort bekräftigt Wilhelm sein Bekenntnis zur Texttreue. Als Zeugen lässt er den kleinsten Buchstaben des Alphabets aufmarschieren – das Jota. Aufgrund seiner Gestalt ist dieser Buchstabe zum Emblem für jede Art von Geringfügigkeit geworden.

Lange bevor das Jota die Literatur-Bühne des *Wilhelm Meister* erklimmen konnte, war es in verschiedenen Sprachen im Gewand einer Redewendung heimisch geworden. Ein idiomatisches Jota findet sich bereits im Evangelium des Matthäus in Kapitel 5, Vers 18, wenn Jesus sagt: »Denn wahrlich, ich sage euch, bis der Himmel und die Erde vergehen, soll auch nicht ein Jota oder ein Häkchen vom Gesetze vergehen, bis alles wird geschehen sein.« So heißt es jedenfalls noch in der Textbibel von 1899. Doch dann verschwindet das Jota aus Kapitel 5, Vers 18. Offenbar war man sich bei späteren Textfassungen nicht mehr sicher, ob sich der Sinn dieser Prophezeiung den Lesern erschließt. Wer weiß denn im 20. Jahrhundert noch, dass das Jota der kleinste Buchstabe des griechischen Alphabets war und sein Name zugleich für eine Petitesse steht? Also wurde in der Einheitsübersetzung der Bibel, die nach dem Zweiten Vatikanischen Konzil (1962-65) entstand, auf die explizite Nennung des Buchstabens Jota verzichtet und nur noch auf die hervorstechende Eigenschaft des Zeichens Bezug genommen. Bei Matthäus 5,18 heißt es seitdem: »Amen, das sage ich euch: Bis Himmel und Erde vergehen, wird auch nicht der kleinste Buchstabe des Gesetzes vergehen, bevor nicht alles geschehen ist.«

Das Jota ist der 9. Buchstabe des griechischen Alphabets und in der Tat das kleinste graphische Zeichen. Wie die meisten griechischen Buchstaben stammt es aus dem phönizischen Alphabet. Hier hört es auf den Namen Jod und stellt seiner Form nach die Abstraktion einer Hand dar. Damit wird der kleinste Buchstabe zu einer Referenzgröße für jenen Teil des menschlichen Körpers, der die Arbeit mit Buchstaben überhaupt erst möglich macht. Entwicklungsgeschichtlich ist der Gebrauch der Hand als zentrales Organ aller Kulturtechniken ein Resultat des aufrechten Gangs. Mit dem Gehen auf zwei Beinen werden die Arme frei, und die Hand wird zum Werkzeug. Begriffe wie Handschrift, Handwerk, Handzeichen, Handarbeit, Handschlag,

Handhabung, Fingerfertigkeit, Fingerspitzengefühl oder das aus dem Lateinischen stammende Wort »Manuskript« (*manus* = Hand) zeugen von der immensen Bedeutung dieses Entwicklungsschritts. Von der besonderen Stellung der Hand in der Evolutionsgeschichte kündet auch die Sprache. Das Be-greifen ist eine Folge des Greifens. Erst dann können wir uns einen Begriff machen.

Im deutschen Alphabet steht, was die Häufigkeitsverteilung der Buchstaben betrifft, das J mit einer Quote von 0,27 Prozent an viertletzter Stelle. Dieser Außenseiter-Status, den das J mit den Buchstaben Q, X und Y teilt, macht es bei Wortspielern und Letternjongleuren, die die Herausforderung nicht scheuen, zu einem besonders geschätzten Mitglied der Alphabetfamilie. Eine der Standarddisziplinen des poetischen Spiels mit den Buchstaben ist das Pangramm. In einem pangrammatischen Satz müssen alle Buchstaben des Alphabets mindestens ein Mal vorkommen. Sie dürfen auch mehrmals auftauchen, es darf aber kein Buchstabe des Alphabets ausgespart werden. *Am Ufer des Styx verbeugt sich ein Jodelquintett in weißen Kapuzen.* Oder: *Im Frequenzweg von jähen Reflexen bricht das Zyklopenauge.* Oder: *Xenophile Kybernetiker jauchzen vor greisem Quadratwürfel.* Ja, das J ist für jeden Jux zu haben. Das J ist jung, juvenil, jovial und je nach Jahreszeit ist es johannisbeerrot, jadegrün oder auch regional bedingt janz jelb. (Und manchmal jandelt es auch.)

Einen Satz zu bilden, in dem alle Buchstaben des Alphabets versammelt sind, ist bei fünf Vokalen (a, e, i, o, u) und 21 Konsonanten nicht zu machen, ohne den einen oder anderen Vokal mehrfach einzusetzen. Benutzt man alle 26 Buchstaben, die das Alphabet umfasst, je ein Mal, lässt sich kein sinnvoller Satz konstruieren. Also besteht der Ehrgeiz der Pangrammatiker darin, mit möglichst wenigen mehrfach verwendeten Vokalen zum Ziel zu kommen. Das erfordert ein hohes Maß an Lettern-Rochaden. Wenn das Spiel nicht aufgeht, kann man den Buchstabensalat von Hand durchstreichen oder mit einem Handstreich von der Platte wischen. Hauptsache, es bleibt kein Jota zurück.

Siehe **Übersetzen** | **Handschrift** | **Digitus**

KONSONANT

Am Anfang war das Wort, doch vor dem Wort – dem geschriebenen Wort – war der Buchstabe. Die ersten Buchstabenzeichen bestanden aus Konsonanten, den sogenannten »mittönenden Lauten« (lat. *consonare*). Erst danach traten die Vokale auf den Plan. Bei der Bildung von Konsonanten ist der gesamte Sprechapparat im Einsatz. Alfred Kallir beschreibt diesen Prozess in seiner Studie *Sign and Design* (1961) sehr anschaulich: »Kehlkopf, Gaumen, Zunge und Lippen, unsere natürlichen Sprechwerkzeuge, schaffen mannigfaltige Laute, indem sie mit unterschiedlichen Bewegungen den Fluss des Atems auf dem Weg aus der Lunge zurück in die Luft anhalten. Aus den gleichen guten Gründen wird der Begriff der ›offenen Laute‹ für Vokale verwendet, da der Atem ungehindert durch die Mundhöhle und die Öffnung, den Mund, austritt.« Zusammen kreieren die Vokale und die Konsonanten jenes Repertoire an Schriftzeichen, das wir Alphabet nennen; als Lautzeichen dirigieren sie jenen Klangkörper, der in der gesprochenen Sprache zum Ausdruck findet.

Neben dem Sprechapparat übernimmt der Atem den wichtigsten Part bei der Artikulation von Lauten. »Wenn Worte Atem sind, und Atem Leben ist ...«, heißt es in Shakespeares *Hamlet*. Wer eine Rede halten, eine Radiosendung moderieren oder eine Arie singen will, muss wissen, wie wichtig die Atemtechnik für die Artikulation ist. Bei flacher, kurzer Atmung aus dem oberen Brustbereich entsteht Sauerstoffmangel, der die Kehle zuschnürt. Erst wenn es gelingt, den Atem tief aus dem Bauchraum zu holen, können die Worte und die Laute frei und ungehemmt fließen. Von Homer wissen wir, dass er die Verslänge seiner Hexameter der Atemfrequenz angepasst hat, um eine flüssige Rezitation zu ermöglichen. Sind die Verse zu lang, kommt es zu Stockungen im Vortrag. **Wenn Worte Atem sind, und Atem Leben ist / Mit Worten anwesend, bist du an Element**

Konsonanten werden als Mitlaute bezeichnet, aber es ist ihr Eigenlaut in seiner klar hervortretenden, kantigen, mitunter spitzen Artikulation, der dem Sprachfluss Kontur verleiht. Durch die Blockade des Luftstroms in unserem Sprechapparat werden die Konsonanten geschärft und können so eher an unser Ohr dringen als die offenen Vokallaute. Dieser Eigenschaft kommt bei der technischen Bearbeitung akustischer Sprachdokumente eine besondere Bedeutung zu. Will man bei einer Tonaufnahme am Schneidetisch Versprecher bereinigen oder das Dokument kürzen, sind es immer die harten Konsonanten, die als Richtmaß dafür dienen, wo man am besten einen Schnitt setzen kann.

Die Konservierung von Wörtern hat die Phantasie der Menschen indessen schon lange vor den modernen Aufzeichnungstechniken, die mit der Schallplatte oder der magnetischen Tonaufzeichnung ihren Siegeszug antraten, beschäftigt. Die ältesten Konservierungsverfahren basierten auf Eis. Lebensmittel wurden auf diese Weise schon im alten Rom frisch gehalten. Aber kann man auch Wörter einfrieren? Als literarischer Topos begegnet uns diese Frage im 16. Jahrhundert bei Rabelais im 55. Kapitel des 4. Buches von *Gargantua und Pantagruel*. Da haben wir es mit Wörtern zu tun, die in der Arktis einfrieren, bei Tauwetter wieder erwachen und zu sprechen beginnen. Schockgefroren erstarren die Laute im Moment ihrer Artikulation und füllen sich erst wieder mit Leben, wenn das Thermometer steigt. Dann erklingen sie plötzlich, orchestriert von allen möglichen Nebengeräuschen, und schwirren durch den Raum. So erging es den Teilnehmern einer Schiffs-Expedition in die Arktis, die Rabelais zwischen den Buchseiten seines Romans konserviert hat.

Während die Seefahrer an Bord »tafelten, schnabulierten, plauderten und hübsche kurze Reden führten«, erwachten plötzlich Stimmen und Geräusche ringsum auf dem Wasser, bevor sie zu einer bedrohlichen Lärmkulisse anschwollen und die Gesellschaft in Angst und Schrecken versetzten. Schließlich kann der Steuermann die Seefahrer beruhigen: »Fürchtet nichts! Wir sind hier am Grenzsaum des Eismeers, über dem zu Anfang des letztvergangenen Winters eine schwere und grimmige Schlacht zwischen den Arimaspen und den Nephelibaten tobte. Damals gefroren in der Luft die Worte und Schreie der Männer und Frauen … Nun aber, da der Winterfrost gebrochen ist und Laugkeit und Milde der guten Jahreszeit einkehren, tauen sie auf und sind zu hören.«

Hier am »Grenzsaum des Eismeers«, wo zwischen den einäugigen Arimaspen und dem Volk der Nephelibaten, den Wolkenwanderern, ein heftiges Gefecht entbrannte, erinnert uns die Sprache daran, dass sie ein zeitgebundenes Medium ist. Die Empfänger der aufgetauten Worte sind nicht mehr dieselben wie die, an die die Botschaft gerichtet war. Es ist Zeit ins Land gegangen, und die Erde hat sich weiter gedreht. Die Absender der Rufe und Schreie haben, sofern sie denn mit dem Leben davongekommen sind, den Ort des Geschehens längst verlassen und sind weitergezogen. In den Lauten und Worten ist die Zeit indes zum Stillstand gekommen. Sie sind im Eis konserviert worden und haben den Fluss der Rede eingefroren.

Von Rabelais' Epoche aus gesehen sind wir noch weit vom Kommunikationszeitalter entfernt, aber der Sprung in jenes Labor, in dem Edison mit phonographischen Tonaufzeichnungen experimentiert, scheint hier denkbar nahe. Wir hören quasi schon jene knarzende Konstruktion aus Paraffin-Papierstreifen, einer Membran und einer Nadel, mit deren Hilfe man die menschliche Stimme aufzeichnen und wiedergeben kann. Die Konsonanten, die sich deutlich abheben, stechen klarer hervor als die Vokale, die im Klangbild der Worte leicht verschwimmen. Das war vermutlich auch bei Rabelais' Schiffsreise in die Arktis der Fall, als die im Eis konservierten Worte auftauten und der Luftraum sich plötzlich mit Lauten füllte. Die Passagiere gerieten jedenfalls in eine Art Schockstarre von dem Getöse und mussten sich den Angstschweiß von der Stirn wischen. Apropos: Wie viele Konsonanten, die nicht durch einen stimmhaften Vokal moderiert werden, kann man im Deutschen aneinanderhängen, ohne dass die Artikulation stockt oder streikt? Vier, fünf oder gar sechs? Das reicht nicht. Eines der Worte mit der längsten Konsonantenreihe lautet – *Angstschweiß*. Es sind acht am Stück.

Siehe **Zunge** | **Alphabet** | **Stimme**

LESEN

Die Lektüre vollendet das Werk. Sie ist die letzte Instanz in einem literarischen Prozess, an dessen Anfang eine Autorin oder ein Autor steht. Es sind die Leserinnen und Leser, die sich mit dem fertigen Text auseinandersetzen und Antworten auf Fragen finden müssen, die der Text aufwirft. Denn ein Text, der publiziert und damit in die Welt entlassen wird, sagt sich von dem Akt seiner Entstehung los und muss sich im Verständnishorizont seiner Adressaten bewähren. Erst im Lesen entscheidet sich, welchen Resonanzraum in Wahrnehmung und Wirkung ein Text aufstößt. Die Lektüre hat das letzte Wort.

Wie schafft es aber eine Kombination abstrakter Zeichen, unsere Aufmerksamkeit so zu lenken, dass wir uns ganz auf die Deutung dieser Zeichen konzentrieren und die Außenwelt ausblenden? Eine Spur zur Beantwortung dieser Frage führt in die zweite Hälfte des 18. Jahrhunderts, als sich mit dem Erfolg der Prosaform des Romans ein neues Leseverhalten entwickelte. Vor allem populäre Genres wie Abenteuer- und Reiseromane, aber auch Goethes Sturm und Drang-Bestseller *Die Leiden des jungen Werther* wurden vom Publikum geradezu verschlungen. Die Literaturwissenschaft spricht von einer veritablen »Lesesucht«. Was faszinierte die Roman-Leser an einer fiktiven Prosa, die immer weniger der moralischen Erbauung diente, sondern in ihren Sujets den Erfahrungshunger, die Sehnsucht nach unbekannten

Welt- und Lebensräumen, den Wissensdurst und die Neugier anregte? Der Literaturwissenschaftler Heinz Schlaffer schreibt, dass fast alle Autobiographien des 18. Jahrhunderts von »lesend durchwachten Nächten« zu berichten wissen. In der Nacht steht dem »freien Flug der Phantasie nichts mehr ihm Wege. Die Imagination, durch nächtliche Lektüre erregt, setzt die Ordnung des Tages außer Kraft. Daher stimuliert die Erzählung vom Verbotenen, von der Übertretung der bürgerlichen Gesetze am stärksten die Lesesucht: das Exotische, das Erotische, das Kriminelle bilden seine Nahrung.«

Aber nicht nur die Sujets erfuhren eine andere Akzentuierung, auch der Modus des Leseakts veränderte sich. Mit der Karriere des Romangenres brach sich eine Lektüreform Bahn, bei der das private und stumme Rezipieren von Texten gegenüber der Tradition des lauten Lesens, des Vorlesens oder Rezitierens zu einer dominanten Erfahrung im Umgang mit Büchern wurde. Die neuen Romane, die mit Mitteln der Spannungsdramaturgie arbeiteten, auf Suspense setzten und durch Identifikationsangebote mit den Protagonistinnen oder Helden die Leserschaft in ihren Bann schlugen, legten eine private Lektüre nahe und erforderten schon durch ihren Umfang eine ökonomische Form der Rezeption. Nicht zuletzt bestätigte sich mit den neuen Romanen eine offensichtliche Erfahrung: Wer leise liest, liest schneller.

Wesentlichen Anteil an dem Übergang von der lauten zur stummen Lektüre hatte die zunehmende Alphabetisierung der Bevölkerung. Vorher erfolgte die Weitergabe von Texten in der Regel über das Ohr. »In der Welt der Antike, im Mittelalter, aber auch noch im 16. und 17. Jahrhundert ist die implizit angelegte wie auch die tatsächlich durchgeführte Lektüre zahlreicher Texte eine ›Vermündlichung‹, und ihre ›Leser‹ sind Zuhörer einer vorlesenden Stimme«, bemerken Roger Chartier und Guglielmo Cavallo in ihrer Studie *Die Welt des Lesens. Von der Schriftrolle zum Bildschirm* (1999). Von den antiken Marktplätzen, auf denen Homers Rhapsoden ihre Texte laut vortrugen, über die Tischlesungen im Refektorium der mittelalterlichen Klöster bis zu den literarischen Salons des 18. und 19. Jahrhunderts lässt sich eine Linie verfolgen, auf der sich die Tradition des Vorlesens fortgesponnen hat. Lautes Lesen, der stimmhafte Vortrag, hat einen externen Fokus, wendet sich an Anwesende, macht diese zu Zuhörenden und sucht die Öffentlichkeit. Stilles Lesen ist hingegen ein Modus der Lektüre, der nach innen gerichtet ist, die Leserin oder den Leser mit dem Text in einem introvertierten, manchmal geheimnisvollen Bund zusammenschließt und den Leseakt zu einer Privatangelegenheit macht.

Lautes Lesen ist zudem ein körperlicher Akt, bei dem nicht nur die Stimme zum Einsatz kommt, sondern mithilfe rhetorischer Techniken ein Habitus an Sprechweisen hinzutritt, der durch Intonation, Gestik und Mimik das gesprochene Wort vor Publikum inszeniert. Beim stillen Lesen ist der Körper zwar auch beteiligt, aber auf stummen Empfang geschaltet und ganz auf die inneren Assoziationsketten, die die Lektüre auslöst, konzentriert. Heinz Schlaffer hat uns heutige Leser, die wir vornehmlich der stummen Lektüre frönen, bei unserer Tätigkeit beobachtet: »Beim Lesen ist der Körper stillgestellt. Wir sitzen oder liegen, um ihn möglichst wenig zu spüren. Nicht einmal den Mund bewegen wir mehr.« Zur inneren und äußeren Konzentrationshaltung kommt für die still Lesenden ein rationales Kalkül hinzu: »Wer laut liest, muss den äußeren, weiten und langsamen Weg von Auge über Mund und Ohr zum Bewusstsein nehmen. Wer leise liest, durcheilt den inneren, kurzen und raschen Weg vom Auge zum Bewusstsein.«

Die stumme Lektüre macht sich mithin den Umstand zunutze, dass wir schneller lesen können als sprechen. Die sukzessive Artikulation von aufeinander folgenden Lauten, die den Rhythmus beim Vortragen eines Textes bestimmen, beansprucht erheblich mehr Zeit als eine Lektüreform, bei der wir die Buchstaben nur mit den Augen von der Seite auflesen und in schnellen Schritten von Zeile zu Zeile springen. Der stille Leser taucht mit gesenktem Blick in die Welt der Buchstaben ein und schreitet unverzüglich voran. Der Leser, der einen Text laut liest, muss die Lektüre zwischen Auge, Mund und Ohr koordinieren und ist somit immer Leser und Hörer zugleich.

Nietzsche hatte für die Tendenz zur stillen Lektüre nicht nur Sympathie übrig. In *Jenseits von Gut und Böse* (1886) beklagte er, dass die zeitgenössischen Leser nur noch mit den Augen läsen und die Sprache »Rhythmen ohne Tanz« aufführe: »Wie wenig der deutsche Stil mit dem Klange und mit den Ohren zu tun hat! ... Der Deutsche liest nicht laut, nicht fürs Ohr, sondern bloß mit den Augen: er hat seine Ohren dabei ins Schubfach gelegt.« Der antike Mensch hingegen las »mit lauter Stimme: das will sagen, mit all den Schwellungen, Biegungen, Umschlägen des Tons und Wechseln des Tempos ...« Heute haben wir immerhin die elektronischen Medien, vornehmlich das Radio mit seinen akustischen Räumen, in denen auch literarische Stimmen eine Bühne finden und die Ohren zu Zeugen werden.   **Ohrenzeugen / hören Zunge**

Neuerdings ist der Erfahrungsraum unserer Lektüren indes durch ein anderes Phänomen in Schieflage geraten. Symptomatisch für diese Entwicklung kann die Ersetzung des Wortes »Inhalt« durch das Unwort »Content« stehen. Im Zuge dieser Um-Etikettierung werden die Leserin und der Leser zu kalkulierbaren Bezugsgrößen einer Marketing-Strategie, für die sie vorrangig als Datenträger und

Zielgruppe passgenau zugeschnittener Kauf-Angebote in Betracht kommen. Wo früher mit Print-Texten – seien es Zeitungen, Magazine, Romane, Sach- oder Fachbücher – um die Gunst der Leserschaft geworben wurde, steht heute die Frage im Vordergrund, wie sich aus den Profilen von Medienkonsumenten, der Verknüpfung mit anderen Nutzerdaten und literaturfremden, an Lebensstil, Image und Markenbindung orientierten Informationen neue kommerzielle Absatzfelder entwickeln lassen. So werden aus Lesern User. Wenn es zu den Glanzzeiten der Buch- und Lesekultur hieß: Sag mir, was du liest, und ich sage dir, wer du bist, heißt es heute: Sag mir, was du liest, und ich sage dir, was die Zielgruppe, zu der du gehörst, sonst noch zum Glück braucht. »Das Vielsinnige des Lesens« hat Elias Canetti in einem treffenden Bild zusammengefasst: »Die Buchstaben sind wie Ameisen und haben ihren eigenen geheimen Staat.« Wer sich auf die Spur einer so gebahnten Lektüre einlässt, kann in der Logik des Content-Managements nur als Störfaktor wahrgenommen werden.

Siehe **Rhapsode** | **Stimme** | **Digitus**

MEDIUM

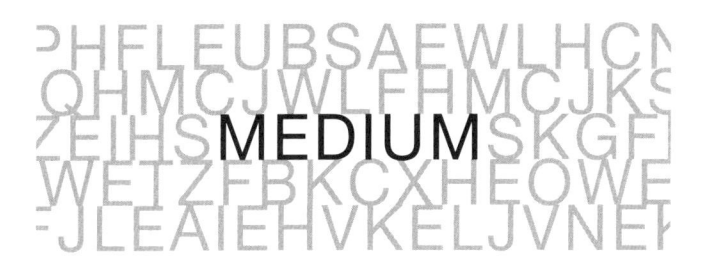

Der Literatur- und Medientheoretiker Friedrich Kittler und der Soziologe Niklas Luhmann, zwei Gelehrte, die weit über ihre Fachdisziplinen hinaus dachten, gaben einmal ein Seminar zusammen. Dabei wandte sich Luhmann, der Gesellschaftstheoretiker, scherzhaft an den Medienwissenschaftler Kittler und sagte: »Ich weiß, wir ticken ganz unterschiedlich. Ein reitender Bote kommt nach Babylon, und ich frage: Was steht in dem Brief? Und was tun Sie? Sie schauen sich das Pferd an.« Diese Anekdote zeigt, dass es nicht nur der Inhalt einer Botschaft ist, auf den es im Kommunikationsprozess ankommt, sondern auch der Weg, über den eine Nachricht vermittelt wird. Das gilt besonders in einer entwickelten Mediengesellschaft.

Diese Erkenntnis ruft einen anderen Denker auf den Plan, der frühzeitig den Epocheneinschnitt, den die Umstellung auf elektronische Medien mit sich bringt, erkannt und theoretisch begleitet hat. 1964 veröffentlichte der kanadische Kommunikationswissenschaftler und Philosoph Marshall McLuhan die Studie *Understanding Media*. Sie sollte zum Standardwerk einer neuen Disziplin werden, die unter der Bezeichnung Medientheorie heute an keiner akademischen Lehranstalt mehr fehlen darf. McLuhan hatte in diesem Werk erstmals einen thesenartigen Slogan verwendet, der weit über seinen Erfinder hinaus Karriere machen sollte und zu einer Art Credo des aufziehenden Medienzeitalters wurde: »The medium is the message.«

Mit diesem Diktum hat McLuhan seine Lehrmeinung auf den Punkt gebracht, dass technische Medien gleichsam als Prothesen des Sinnesapparats unsere Wahrnehmung steuern. »Wir formen unsere Werkzeuge, und die Werkzeuge formen uns.« Schon Sigmund Freud hatte in seiner Schrift *Das Unbehagen in der Kultur* (1930) von dem technisch aufgerüsteten Menschen als einem »Prothesengott« gesprochen. Wenn es also Medien sind, die unsere Wahrnehmung formen, müssen wir erforschen, wie sich dieser Prozess auf visueller, akustischer oder haptischer Ebene konkret vollzieht und welche Wirkung die unterschiedlichen medialen Übertragungsmodi auf unsere Perzeption haben. Für McLuhan war Geld ebenso ein Medium wie ein Faustkeil, ein Messinstrument oder ein Schreibutensil ebenso wie das elektrische Licht. Das Medium ist also nicht eine objektive Vermittlungsagentur, ein bloßes Transport-Vehikel oder ein neutraler Behälter, sondern es prägt unsere Sinneseindrücke und konstituiert Sinn.

Das hat Folgen für das soziale und politische Umfeld, in dem dieser Transfer stattfindet. Oder, um auf Luhmann und Kittler zurückzukommen: Eine Gesellschaft, in der reitende Boten auf Pferden unterwegs sind, bildet andere Formen der Informationspolitik aus als das »global village«, wie ein weiteres berühmt gewordenes Theoriekonstrukt McLuhans lautet. Um seine These, wonach Medien unsere Wahrnehmung formen, zu illustrieren, wählte McLuhan das Bild der Glühlampe. Eine Glühlampe spricht nicht, sie hat keine Nachrichten mitzuteilen, aber sie kreiert in ihrer technischen Eigenschaft als Beleuchtungskörper einen spezifischen sozialen Raum. Indem sie ihr Umfeld der Dunkelheit entreißt, wird sie zu einem Medium. Wenn der

Lichtkegel, den sie in den Raum wirft, eine Botschaft enthält, dann besteht diese in der Erkenntnis, dass das Licht den Raum verändert.

In der klassischen Kommunikationstheorie, die vom Rundfunk, vom Film oder vom Fernsehen ihren Ausgang nahm, bezeichnet ein Medium den Übertragungsmodus vom Sender zum Empfänger. Friedrich Kittler spricht dagegen vom Medium als einer »Technik zum Speichern, Übertragen und Verarbeiten von Informationen«. Die Fähigkeit der digitalen Medien zur Speicherung und Verarbeitung hat somit die alte Definition, wonach ein Medium zuerst ein Übertragungsmittel ist, signifikant erweitert. Heute, im Zeichen von Social Media, sind es vor allem elektronisch produzierte und gepostete Bilder, die das Kommunikationsgeschehen dominieren. McLuhan hat diese Entwicklung vorausgedacht, als er betonte, dass der durch die Buchkultur typographisch geprägte und in linearem Denken geschulte Mensch von Rationalismus und Aufklärung im Zeitalter der elektronischen Medien, die das »Ende der Gutenberg-Galaxis« markieren, sich ganz neuen Wahrnehmungs-Standards stellen müsse.

Medien sind indessen auch Sprache und Schrift. Sie stellen die Haupt-Instrumente des vortechnischen Zeitalters dar, mit denen Öffentlichkeit hergestellt wurde. Als Zeichen und Boten stehen die Buchstaben im Zentrum dieser Kommunikationskette. Ohne sie geht auch in einer ausdifferenzierten Mediengesellschaft nichts. Den Buchstaben sind die Inhalte, die sie transportieren, völlig egal. Ob *Salat* oder *Atlas*, ob *Wörterbuch* oder *Wortbrüche*, ob *Interpretation* oder *tote Print-Arien*, die Lettern scheren sich nicht um die Bedeutungsfelder, die sie beackern. Im Gegenteil, sie narren unser Leseverstehen nur allzu gerne. Aber auch unser Kognitionsapparat hat dazugelernt. Ein

Text, der im Netz kursiert, macht diesen Lernschritt deutlich: *Gmäeß eneir Sutide eneir elgnihcesn Uvinisterät, ist es nchit witihcg in wlecehr Rneflogheie die Bstachuebn in eneim Wrot snid, das Ezniige was wcthiig ist, ist dass der estre und der leztte Bstabchue an der ritihcegn Pstoiion snid. Der Rset knan ein ttoaelr Bsinöldn sien, tedztorm knan man ihn onhe Pemoblre lseen. Das ist so, wiel wir nciht jeedn Bstachuebn enzelin leesn, snderon das Wrot als gseatems.* Entscheidend sind also weniger der Vertauschungsgrad der Buchstaben eines Wortes, sondern die Position der Anfangs- und Endbuchstaben. Zudem ist der Kontext für das Verständnis einer Aussage von Belang. Im Anagramm befinden wir uns hingegen auf einer poetischen Stufe der Vertauschung. **Buchstabensalat / Atlas stach Buben**

Auch in Zeiten, als man noch auf reitende Boten setzte, war die Übermittlung einer Nachricht ein mitunter riskantes Unterfangen. Wir kennen die Erzählungen, wonach in der Antike der Überbringer einer schlechten Nachricht diesen Dienst mit dem Leben bezahlen musste. Das geschah in der Regel, um sich eines unwillkommenen Mitwissers zu entledigen. Es sind aber auch zivilere Methoden überliefert. So wurde antiken Botengängern die geheime Mitteilung auf die blanke Kopfhaut geschrieben, meist in verschlüsselter Form. Danach musste der Bote ausharren, bis das Haar nachgewachsen war, erst dann wurde er losgeschickt. Der Empfänger rasierte den Haarschopf ab und konnte die Geheimbotschaft lesen. Von dem Pferd, das den Boten und die Botschaft trug, sprach damals noch niemand.

Heute sind es die zu Knoten und Schnüren verschlungenen Haare von Tieren, die die Forschung vor Rätsel stellen. Im Ethnologischen Museum in Berlin warten Hunderte von Khipus, die das einzigartige Codesystem der Inkas abbilden, auf ihre Entschlüsselung. Lassen sich aus den Knoten und

Schnüren Schrift- und Zahlzeichen rekonstruieren? Müssen sie visuell oder taktil gelesen werden? Stehen die einzelnen Kordeln für Buchstaben, Silben oder Wörter? Einig ist sich die Forschung bislang nur, dass es Nachrichten und Informationen sind, die sich in den kunstvoll geknüpften Artefakten verbergen. Diese Botschaften wurden im Inkareich durch Staffelläufer vom Absender zum Empfänger transportiert. Den Übertragungsweg können wir identifizieren, der Inhalt der Botschaften aber liegt im Dunklen.

Siehe **Code** | **Öffentlichkeit** | **Äther**

NOTE

In Cyrano de Bergeracs um 1650 entstandenem Roman *L'autre Monde*, der gerne als Prototyp der Science-Fiction-Literatur herangezogen wird, unternimmt der Protagonist Dyrcona eine Reise zum Mond. Dort angekommen, trifft er eine wunderliche Klientel an. Die vornehmen Bewohner des fernen Himmelskörpers ernähren sich von Duft, benutzen Sonette und Oden als Zahlungsmittel, setzen ihre langen Nasen als Sonnenuhren ein und verständigen sich nicht mit Worten, sondern mithilfe von Tönen. Das Kommunikationsmittel der Mondbewohner ist Musik. Auch mit einem Buch ohne Blätter und ohne Buchstaben wird Cyranos Raumfahrer bekannt gemacht. Es ist ein akustisches Mond-Brevier voller Laute. Nimmt man das Buch ohne Buchstaben zur Hand, findet man dort einen Zeiger, den man auf das Kapitel dreht, das man hören möchte. Sofort erklingen wie aus einem Menschenmund oder einem Musikinstrument jene Tonkaskaden, die den Mondbewohnern als Ausdruck ihrer Sprache dienen.

Vielleicht hätten die Mondbewohner Cyranos Helden Dyrcona, dessen Name eine anagrammatische Anspielung auf den Namen des Autors darstellt, eine Tonleiter bereitstellen sollen, um das himmlische Gestirn wieder zu verlassen und auf die Erde hinabzusteigen. Unter den Erdbewohnern war eine Ton- oder Notenschrift seit dem zweiten Jahrhundert v. Chr. verbreitet. Andere Quellen sprechen gar vom siebten vorchristlichen Jahrhundert. Jedenfalls stammt die älteste Musikschrift aus der griechischen Antike. Um ihre Töne zu bezeichnen, benutzten die Griechen die ersten sieben Buchstaben ihres Alphabets. Im Lateinischen wurde dieses Prinzip beibehalten, indem man den Noten die Buchstabennamen von A bis G gab. Im deutschen Sprachraum kam es vermutlich durch einen frühen Abschreibfehler zu einer Variante, bei der statt des B ein H an der zweiten Stelle des Tonalphabets steht: A, H, C, D, E, F, G.

In der Aufzeichnung von Musik wurden die Buchstaben von Beginn an als Schriftzeichen eingesetzt. Zuvor konnten die Melodien und Texte nur im Gedächtnis der Zeitgenossen bewahrt und an die Nachfahren überliefert werden. Dabei kam es naturgemäß zu Abweichungen, Varianten und Interpretationen. Erst mit einer entwickelten Schriftkultur konnte auch für Töne und Klänge ein Aufschreibsystem festgelegt werden, das eine stabile Form der Überlieferung bereitstellte. Schon die einfache Notenschrift und darüberhinaus die Möglichkeit, Mehrstimmigkeit in einer Partitur zu verzeichnen, brachten für die Komponisten den Vorzug mit sich, ein hochkomplexes Werk gänzlich auf dem Papier zu entwerfen. So ist die Notenschrift nicht nur ein Medium der Aufzeichnung und Tradierung von musikalischen Werken, sondern hat bereits an deren Entstehung und Gestaltung einen wesentlichen Anteil.

Die Doppelfunktion der Buchstaben als Lautzeichen und Schriftzeichen haben viele Komponistinnen und Komponisten zum Anlass genommen, mehr oder weniger offene Botschaften in ihren Werken zu verstecken. Ein prominentes Beispiel ist Johann Sebastian Bach, der gern mit der Tonfolge B-A-C-H arbeitete und auch von späteren Tonsetzern mit dieser Notenreihe geehrt wurde. Bach selbst nutzte dieses Motiv zudem, um der Überarbeitung von Werken anderer Komponisten seine eigene, unmissverständliche Signatur aufzuprägen. Traurige Berühmtheit erlangte diese Tonfolge in seinem Zyklus *Die Kunst der Fuge.* Im letzten Contrapunctus hatte Bach dieses Motiv explizit eingeführt. Doch dann bricht die Partitur plötzlich und unvermittelt ab. In einem später angefügten Kommentar des Bach-Sohnes Carl Philipp Emanuel Bach heißt es: »ueber dieser Fuge, wo der Nahme B A C H im Contrasubject angebracht worden, ist Der Verfaßer gestorben.«

Die enge Liaison von Buchstaben, Zahlen und Notenschrift diente Bach schon bei der Konzeption seines Fugen-Zyklus als Anlass zum Spiel mit den Elementen. Bis in unsere Tage fördern immer wieder akribische Detailanalysen neue Belege für Bachs Affinität zur Zahlensymbolik und zu alphanumerischen Spielereien ans Licht. Ordnet man den einzelnen Buchstaben seines Nachnamens Zahlen zu, die sich nach ihrer Stellung im Alphabet richten, dann ergibt sich für das B die 2, für das A die 1, für das C die 3 und für das H die 8. Addiert man diese Zahlen, erhält man die Summe 14. Das ist exakt die Anzahl jener Fugen, die in dem Werkzyklus *Die Kunst der Fuge* enthalten sind.

Was mithilfe der Notenschrift nicht aufgeschrieben wird oder nicht aufgeschrieben werden kann, ist gleichwohl in den Registern der menschlichen Stimme versammelt. Nicht nur das Alphabet kann mehr als das, was wir gemeinhin mit der Kombinatorik seiner 26 Buchstaben anstellen, auch die Sprache und im Besonderen unsere Sprachorgane haben eine erheblich größere Artikulationsbreite als jenes Spektrum, das wir in unserer Alltagskommunikation abrufen. »Lautpoesie« nennen wir eine literarisch-akustische Kunst, die ihren spezifischen Reiz daraus zieht, dass sie sich erst im Akt des Sprechens realisiert. Dabei handelt es sich um ein autonomes Lautgeschehen, bei dem sich Kehlkopf, Stimmbänder, Lippen, Gaumen, Zähne, Backen und der Atem zusammenfinden, um mithilfe von artifiziellen Intonations- und Artikulationstechniken die Sprache als Klangkörper einzusetzen. **Ursonate / Note raus**

In der Lautpoesie fungiert Sprache nicht als ein Verständigungsmedium, das auf den Austausch von semantisch plausiblen Informationen gerichtet ist, sondern als Instrument phonetischer Artikulation, als Arsenal von Lauten, als Echokammer und Resonanzraum. Die deutsche Sprache kennt den Unterschied zwischen einer vorrangig auf Phonetik und einer eher auf Semantik gerichteten Kommunikation sehr genau, wenn sie zwischen *reden* (Inhalt) und *sprechen* (Laut) differenziert. Um den Radius dessen, was die Lautpoesie ausmacht, zu umreißen, hat man sie auch als Mundakrobatik, Zungensalto oder Lippentanz bezeichnet. Christian Morgenstern mit seinem großen *Lalula* (*Kroklokwafzi! Sememeni!*), Hugo Ball mit seiner Dada-*Karawane* (*hollaka hollala*), Kurt Schwitters' *Ursonate* (*Fümms bö wö tää zää Uu*), Ernst Jandls *schtzngrmm* (*grrrrrrrrrrrrrrrrrrr rrrrrrrr*), Jaap Blonks *Minister* (*der minister bedau rt d r rt g ss r ng n*) oder Heike Fiedlers Performances (*K warte tt*) gehören neben vielen anderen internationalen Lautpoetinnen und Lautpoeten zu den profiliertesten Vertretern dieser akustischen Disziplin.

Vom Öffnen und Schließen des Mundes nannte Ernst Jandl seine Frankfurter Poetikvorlesungen (1984/85), die er vor einem hochkonzentrierten Auditorium hielt. Dabei legte Jandl den Fokus bewusst auf den physischen und phonetischen Akt des Sprechens, aus dem das poetische Geschehen seine Kraft zieht. Jandl spitzt die Lippen, bläst die Backen auf, schaut aus weit aufgerissenen Augen ins Publikum, verzieht sein Gesicht zu einer Grimasse, flötet, pfeift, flüstert, grummelt, brüllt, haucht den Lauten seinen Atem ein und deklamiert selbst bei geschlossenem Mund weiter. Mal ist er Mimik, mal Gestik, mal Slapstick, immer aber Klangkörper. Mit seinem unverwechselbaren Vortragsstil, seinen frappierenden Sprachschöpfungen jenseits von Grammatik und Semantik, seinem innovativen Wortwitz und seiner akribischen Suche nach neuen Ausdrucksmöglichkeiten hat er die deutsche Literatur auf unbeschrittenes Terrain geführt. Die Sprache hat es ihm gedankt. Mit dem Verb »jandln« beschreibt sie jenen Artikulationsmodus, den der Urheber dieser Tätigkeit so stupend beherrschte.

Sieht und hört man Jandl zu, ist man für einen Moment geneigt, an die Bewohner des Mondes zu denken, mit denen Cyrano de Bergeracs Raumfahrer Dyrcona Bekanntschaft geschlossen hatte und zu berichten wusste, dass die Umgangssprache auf dem Mond nicht aus Worten besteht, sondern ein Setting von Tönen und Lauten beinhaltet. Seit 1977 ziehen die Sonden Voyager 1 und Voyager 2 ihre Bahnen durch den Weltraum. An Bord befinden sich Datenträger mit Hörspielen, Klangkunst und experimenteller Lyrik. Ganz ausgeschlossen ist es nicht, dass die Lautpoesie eines Tages auf dem Mond ankommt. Vielleicht ist die perfekte Lingua franca schon vorhanden, um einen ersten Kontakt mit den Mondbewohnern aufzunehmen.

Siehe **Erzählen** | **Unsinnspoesie** | **Stimme**

OSTRAKON

Ostrakon, im Plural Ostraka, hießen die kleinen Tonscherben oder Muschelschalen, die in der Antike für die Aufzeichnung von Namen, Notizen, Rechnungen, Botschaften und bei Gelegenheit auch als Stimmzettel (Scherbengericht) benutzt wurden. Dabei ritzte man seine Mitteilungen mit einem Nagel oder einem spitzen Gegenstand in die Oberfläche der Tonscherbe. Eine der größten Sammlungen von Ostraka stellt das Nikanor-Archiv in London dar. Hier finden sich in griechischen Buchstaben verfasste Quittungen und Transportbelege, die von Karawanen-Führern im Fernhandel zwischen dem Römischen Reich und Vorderasien, Afrika oder Indien ausgestellt wurden. Für Archäologen sind die kleinen Tonscherben, auf denen Auflistungen der Ein- und Ausgänge von Waren verzeichnet sind, wichtige Zeugnisse des antiken Handelsverkehrs.

In der Geschichte schriftlicher Aufzeichnungen reichen Verzeichnisse oder Listen weit zurück. Vor dem Buch kam die Buchhaltung. Umberto Eco hat dieser Spur durch die Literaturgeschichte eine eigene Studie mit dem Titel *Die unendliche Liste* (2009) gewidmet. Als einen seiner Kronzeugen führt er in dem reich illustrierten Werk Jorge Luis Borges auf, der in der Erzählung *Das Aleph* seinem Protagonisten einen Blick in das anarchische Universum gestattet: »Durch einen bloßen Spalt sieht er das gesamte Universum als verhängnisvoll unvollkommene Liste von Orten,

Personen und fremden Erscheinungen.« Ecos Zeugen-Liste umfasst – um nur einige Namen zu nennen – Breton und Hieronymus Bosch, Dante und Döblin, Homer und Hannah Höch, Pynchon und Perec, die Wunderkammern des 17. Jahrhunderts und die Suppendosen von Andy Warhol. Nur eine einzige aber ist die wirklich unendliche Liste, die Ecos Buch den Titel vorgibt. Das ist die »Große Mutter aller Listen, unendlich per definitionem, da in ständiger Entwicklung begriffen, das WorldWideWeb, das eben kein ordentlich verzweigter Baum ist, sondern Spinnennetz und Labyrinth ... ohne Unterscheidung zwischen wahr und falsch.«

Aufzählungen sind ebenso Beschreibungsformen wie Stilmittel der Literatur und weit davon entfernt, langweilig, geistlos oder lediglich unter praktischen Aspekten von Belang zu sein. Blenden wir 2 700 Jahre zurück und schauen auf einen der ältesten Belege für die Bedeutung der Liste in der Literatur. Im 2. Gesang der *Ilias* zählt Homer die zur Eroberung Trojas versammelten griechischen Heerführer nebst ihrer Herkunft und der Anzahl ihrer Boote auf. Der Text kommt auf 1186 Schiffe mit hochgerechnet ca. 90 000 Kriegern. Homer braucht für diesen Schiffskatalog knapp 300 Verse. Sie bilden einen rhythmischen Gesang, ein Sprachkunstwerk in Metrik und Ton. Der Dichter stellt sein ganzes poetisches Vermögen in den Dienst dessen, wovon er Kunde geben will. Er ordnet das Geschehen ein und gibt ihm eine Form.

Eine Liste ist der Versuch, Ordnung in das Chaos der Dinge und in das Sammelsurium der Welt zu bringen. Die Kriterien, nach denen Listen erstellt und damit Ordnung etabliert werden soll, sind mannigfaltig. Sie können logisch oder rein additiv, praktisch oder poetisch, systematisch oder akzidentiell sein. Sei sie auch noch so enzyklopädisch angelegt, vollständig ist eine Liste nie. Auf allen

Listen bleibt ein Rest. Und immer steht, wie Eco betont, am Ende ein »undsoweiter«. In der Welt der Buchstaben geben Wörterbücher ein Ordnungssystem von Listen vor, mit denen der Wortschatz in eine alphabetische Reihung gebracht wird. Aber auch da gelingt es nur durch einen präzise gefassten Regelkanon, die mögliche Kombinatorik der Buchstaben und Wörter im Zaum zu halten. Eco berichtet von Pierre Guldins Versuch (*Problema arithmeticum de rerum combinationibus*) aus dem Jahre 1622, einen Annäherungswert zu errechnen, »wie viele Wörter man mit den damals gebräuchlichen 23 Buchstaben des Alphabets bilden könnte, wenn man sie zu zwei und zwei, zu drei und drei und so weiter zusammenstellte bis hin zu Wörtern mit 23 Buchstaben.« Guldin muss lange gerechnet haben, bevor er sein Ergebnis präsentieren konnte. Er kam »auf eine Zahl von über siebzigtausend Milliarden Milliarden« Wörtern.

Auf der Spur der Listen kann man sich weit in die Literaturgeschichte tragen lassen. Wurden sie ursprünglich in Tonscherben geritzt, so stieg man später auf Pergament, dann auf Papier um und notierte, was nicht vergessen werden sollte, auf kleine Zettel. Merkzettel, Handzettel oder Klebezettel künden von diesem Brauch. Die Ausdrücke »anzetteln« und »sich verzetteln« haben indes mit dem Zettel als loses Blatt Papier nichts zu tun. Sie stammen aus der Fachsprache der Weber und beziehen sich auf die Kettfäden, die in einem Webstuhl in Längsrichtung aufgespannt werden, während die Schussfäden quer dazu laufen. Wer sich verzettelt, hat also die Fäden nicht richtig gespannt. Das lateinische Wort für weben lautet *texere*, womit wir über das Wort »Textil« wieder zum Text kommen.

Dieses anspielungsreiche Bedeutungsfeld hat sich ein Autor wie Arno Schmidt nicht entgehen lassen. *Zettel's*

Traum ist der Titel seines umfangreichsten Werks. Schmidt hat natürlich noch eine weitere Variante auf Lager. Denn sein Zettel ist ihm aus Shakespeares *Sommernachtstraum* auf den Schreibtisch geweht, genauer aus Wielands Übersetzung von 1762. In der 1. Szene des 4. Akts heißt es: »Ich will Peter Squenz bitten, dass er einen Gesang aus diesem Traum mache; er soll Zettels Traum genennt werden.« In Arno Schmidts eigenwilliger Orthographie wurde aus *Zettels Traum* dann *Zettel's Traum*. Das Werk ist in acht Bücher unterteilt und enthält 1334 DIN-A3 Seiten, die je dreispaltig in Maschinen-Schrift gefasst sind. Die Randglossen, Annotationen und Korrekturen erfolgten oft handschriftlich und sind im Typoskript auch in dieser Form wiedergegeben. Das Werk erschien 1970 in einer Auflage von 2000 Exemplaren und war trotz des hohen Preises bald ausverkauft. 2010 erschien *Zettel's Traum* in einer neu gesetzten Fassung, an der der Typograph Friedrich Forssmann mehrere Jahre gearbeitet hat.

Ohne Arno Schmidts Zettelkästen voller DIN-A8- und DIN-A9-Karten, »hinten & vorn mit winziger Spitzschrift in Sigeln bekritzelt«, hätte es *Zettel's Traum* nicht gegeben. Arno Schmidt betätigte sich in seinem literarischen Werk aber nicht nur als origineller Orthograph, experimenteller Textgestalter und Erfinder phonetischer Schreibweisen, sondern auch als Anagrammatiker. Die Buchstaben seines Namens stellte er so um, dass *Dr. Mac Intosh* daraus wurde. Also schließen wir an dieser Stelle auch mit einem Anagramm und ritzen in die Tonscherbe: **Letzte Zettel**.

Siehe **Rhapsode** | **Typographie** | **Handschrift**

PASSWORT

Die neuen digitalen Technologien halten so viele Lösungsmöglichkeiten bereit, dass die Frage, was eigentlich das Problem war, in den Hintergrund tritt. An diesem Punkt hilft auch das Passwort nicht weiter. Am Anfang war der Buchstabe, dann kam das Wort und dann das Passwort. Wenn aber das Wort nicht Passwort wird, dann bleibt der Zugang zu einer Information oder zu einer Mitteilung verschlossen. Im Alltagsleben ist das unbefriedigend, in der Dichtung kann dieser Rest an Unerschlossenem produktiv werden. »Lyrik lässt sich nicht als zweckmäßiger Beitrag zur Kommunikation der Menschen untereinander verstehen«, schreibt der Literaturwissenschaftler Heinz Schlaffer. In seinem Buch *Geistersprache. Zweck und Mittel der Lyrik* (2012) legt er dar, dass die Poesie ihren Ursprung in der Sprache der Götter hat und die Dichter in der Rolle von Dolmetschern den Menschen diese Sprache nahebrachten. Die ältesten Gedichte sind »ägyptische und indische Gebete, hebräische Psalmen, frühgriechische Hymnen und Oden, althochdeutsche Zaubersprüche«. Dichter waren mithin die Gralshüter von Passwörtern. Als Dolmetscher hatten sie Zugang zu den Weisungen und Liedern der Götter und konnten sie aus der Geistersprache in die Menschensprache überführen. In der Moderne ist dieses Verhältnis zerbrochen, das Gedicht wurde weltlich und fand seine Bestimmung als autonomes Kunstwerk. Sein Geheimnis, dieser Rest an Unerschlossenem, aber spricht immer noch zu uns. »Genuine poetry«, sagt T. S. Eliot, »can communicate before it is understood.« Das eben zeichnet originäre Dichtung aus: Sie hat etwas mitzuteilen, auch wenn es sich dem Verstehen entzieht.

Auch die Moderne kennt, und sei es im Spiel, in der Parodie oder in der Revolte den Mythos vom Dichter als einem Auserwählten, der den Göttern nähersteht als die gewöhnlichen Menschen. Er nannte sich selbst den »magischen Bischof«, als er an einem Juniabend des Jahres 1916 im Zürcher *Cabaret Voltaire* seine Lautgedichte intonierte: *gadji beri bimba glandridi laula lonni cadori*. Man musste ihn auf die Bühne tragen, weil er reglos wie ein Garderobenständer in seinem stocksteifen Ornat steckte. In seinen 1927 erschienen autobiographischen Aufzeichnungen *Die Flucht aus der Zeit* heißt es: »Meine Beine standen in einem Säulenrund aus blauglänzendem Karton ... Darüber trug ich einen riesigen Mantelkragen, der innen mit Scharlach und außen mit Gold beklebt, am Halse derart zusammengehalten war, dass ich ihn durch ein Heben und Senken der Ellenbogen flügelartig bewegen konnte. Dazu einen zylinderartigen, hohen, weiß und blau gestreiften Schamanenhut.« Der Dadaist Hugo Ball zelebrierte seine Auftritte als grotesk-sakrale Inszenierungen und pflegte seine Sprechtexte in einem Duktus vorzutragen, in dem Ritual und Rhythmus, Form und Formel, Klang und Kult, Literatur und Liturgie zusammenspielten.   **Zürich Dada eins sechs / Ich zünde rasch das Eis**

Den Bogen in die Jahre seiner frühen Prägung durch den Katholizismus hat Hugo Ball bei den Auftritten im Kreis der Zürcher Dadaisten selbst geschlagen. Noch 1916 zog er sich jedoch aus dem *Cabaret Voltaire*, dessen zentrale Gründerfigur er mit Hans Arp, Tristan Tzara, Marcel Janco und Emmy Hennings gewesen war, zurück. Der »magische Bischof der Avantgarde« kehrte der säkularen Anti-Kunst den

Rücken und tauchte nach einem Intermezzo als politischer Journalist wieder in den spirituellen Raum der Religion ein. Er ließ sich in einem einsamen Dorf im Tessin nieder, verfasste neben theologischen Schriften eine Biografie seines Freundes Hermann Hesse und wandte sich einem mystisch inspirierten Katholizismus zu.

Von den wilden und strengen Sprechakten des Dada, seinen entfesselten Nonsens-Tiraden, den frei improvisierten und kühn inszenierten Performances auf der Bühne und im wirklichen Leben, bei denen kein Buchstabe am anderen blieb, kein geschriebenes und kein gesprochenes Wort heilig waren und kein noch so hehres Sinngebäude unantastbar blieb, führt eine Spur zu den fatalen Erschütterungswellen des Ersten Weltkriegs, dessen Zerstörungspotenzial durch die moderne Waffentechnik mit dem Großeinsatz von tödlichem Giftgas, rollenden Panzerfestungen und aus der Luft angreifenden Flugstaffeln ein nie gekanntes Ausmaß der Vernichtung erreichte. Auf den Schlachtfeldern des Kriegs wurden mit den Leibern auch die Ideale zerfetzt, die den Waffengang zu Beginn pathetisch als eine große Reinigungsaktion aufgeladen hatten. In den Städten starben derweil mit ihren Bewohnern auch die zivilisatorischen Errungenschaften und Manifestationen einer Kultur, die sich in den urbanen Zentren Europas so eindrucksvoll realisiert hatten. Mit der Industrialisierung des Tötens verendete jeder Sinn. Wie sollten da die Worte heil und die Sätze grammatisch oder syntaktisch korrekt bleiben.

Der totale Nicht-Sinn hatte sich mit diesem Krieg in der Welt eingerichtet, und kein noch so elaboriertes Unsinnskonzept der Poesie hätte dagegenhalten können. Schließlich geriet im Furor der Vernichtung die Literatur selbst zwischen die Fronten. In der Nacht vom 25. auf den 26. August 1914, knapp zwei Jahre vor dem Auftritt des magischen Bischofs im Zürcher *Cabaret Voltaire*, stand in der alten belgischen Universitätsstadt Löwen ein Sechstel aller Gebäude in Flammen. Darunter an prominenter Stelle eine Kathedrale des Wissens. Dreihunderttausend Bücher und Handschriften sowie zahllose Dokumente aus der Frühzeit des Buchdrucks verbrannten beim Beschuss der Universitätsbibliothek. Es handelte sich um eine Vergeltungsaktion deutscher Soldaten. Der Kulturwissenschaftler Wolfgang Schivelbusch hat das Schicksal dieses Bücheruniversums in seiner Studie *Die Bibliothek von Löwen. Eine Episode aus der Zeit der Weltkriege* (1988) rekonstruiert.

»Ici finit la culture allemande«, lautete die Aufschrift eines Transparents, das nach der Zerstörung der Bibliothek in den Ruinen hing. Die Zerstörung der Stadt, die Erschießung von Zivilisten und die Vernichtung der Bibliothek hatte Deutschland bei den Kriegsgegnern den Ruf eingetragen, seine militärischen Ziele rigoros zu exekutieren. Durch eine internationale Hilfsaktion, die neue Präsenz- und Magazinbestände sowie umfangreiche Finanzmittel zusammentrug, konnte die Bibliothek in den 1920er Jahren nach Plänen des amerikanischen Architekten Whitney Warren im flämischen Renaissance-Stil wieder aufgebaut werden.

Dann kam der Zweite Weltkrieg. In der Nacht vom 15. auf den 16. Mai 1940 – 13 Jahre nach der Wiedereröffnung – stand die Bibliothek erneut in Flammen. Sie war zwischen die Fronten deutscher und englischer Kampfeinheiten geraten. Von den Beständen, die mittlerweile auf 900 000 Bände angewachsen waren, konnten gerade noch 15 000 gerettet werden. Kollateralschaden heißt das in der Sprache des Kriegs. Das Passwort für diese militärische Aktion ist nicht überliefert.

Siehe **Code** | **Unsinnspoesie**

QUADRAT

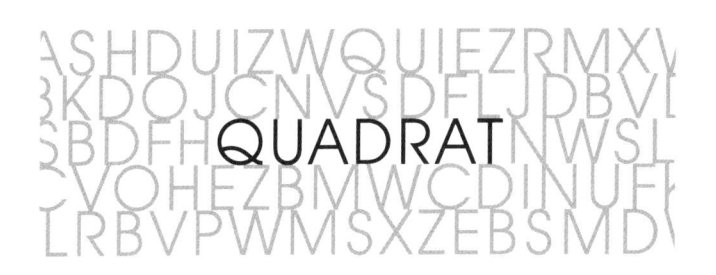

»Q umgeh ich«, befand Robert Walser kurz und bündig in einem Text mit dem Titel *Alphabet*, der im Juni 1922 in der *Neuen Zürcher Zeitung* erschien. Zeigte er sich bei anderen Buchstaben, die ähnlich selten vorkommen, noch kompromissbereit (»X hat nix«), so verweigerte er dem Q schlichtweg jedes Attribut, und sei es ein negatives. Immerhin hat er den Buchstaben in seinem *Alphabet* der Vollständigkeit halber aufgerufen. Vermutlich ahnte Robert Walser, dass sich der Schaden, den eine Missachtung des Q mit sich bringt, statistisch in Grenzen hält. Das Q ist mit dem Häufigkeitsquotienten von 0,02 Prozent der am wenigsten gebräuchliche Buchstabe der deutschen Sprache. Um nicht ganz unterzugehen oder in entlegenen Eigennamen ein kaum wahrnehmbares Nischendasein zu fristen, hat das Q seinen Status als Einzelbuchstabe aufgegeben und ist eine Liaison eingegangen. Das U hatte sich angeboten, und der Coup konnte erfolgreich abgeschlossen werden. Seitdem tritt das Q im Duo an und erhielt einen eigenen Lautwert.

Indessen hat sich am Spielfeldrand des Alphabets buchstäblich ein Kult um den Buchstaben Q entwickelt. Die Gefahr freimütig in Kauf nehmend, dass der Fokus auf die Hauptakteure der alphabetischen Disziplinen gerichtet ist, hat sich hier eine illustre Schar von Typographen versammelt und zu einem Schaulaufen für Connaisseure eingeladen. Ungeachtet aller Vorgaben, klar unterscheidbare und gut lesbare Lettern zu gestalten, und nonchalant der Devise trotzend, den Schriftgrad platzsparend und ökonomisch einzurichten, haben sie das Q zu ihrem Kür-Buchstaben erkoren. Im Schatten des Scheinwerferlichts können sie mit den Grundformen dieses Buchstabens spielen und ihrer Gestaltungsphantasie freien Lauf lassen. Von der Lust, das Zeichenrepertoire kreativ auszureizen, zeugen vor allem die zahlreichen Variationen der Cauda, jenes charakteristischen Schweifs, dessen Gestaltung den versalen Buchstabenkorpus mal auf einer Welle wiegt, mal wie mit einem Pflock im Schriftbild verankert, mal wie ein Stützkeil vor dem Wegrollen bewahrt.

In der lateinischen Sprache genoss der Buchstabe Q ein weniger marginalisiertes Dasein. Mit dem Buchstaben Q beginnt das Wort *quattuor*, das für die Zahl vier steht. Von *quattuor* leitet sich das *Quadrat* ab, das jenen Sonderfall eines Vierecks darstellt, bei dem alle Seiten gleich lang sind. Als *Magisches Quadrat*, das Anagramme und Palindrome in sich vereinigt, ist die berühmte *Sator-Formel*, deren Ursprünge bis in das erste nachchristliche Jahrhundert zurückreichen, in die Geschichte eingegangen. Erstmals soll dieses Quadrat als Graffito in Pompeji aufgetaucht sein.

S	A	**T**	O	R
A	R	**E**	P	O
T	**E**	**N**	**E**	**T**
O	P	**E**	R	A
R	O	**T**	A	S

Über die Bedeutung des *Magischen Quadrats*, das zur viel diskutierten literarischen Zauberformel wurde, ist zu allen Zeiten gerätselt und gestritten worden. Jedes der fünf Wörter lässt sich horizontal und vertikal viermal lesen. Zudem bildet der ganze Text ein Palindrom, d. h. er ist vorwärts und rückwärts gleichlautend. Bei der Übersetzung aus dem Lateinischen blieb besonders das Wort AREPO, das rückläufig gelesen OPERA ergibt, strittig, so dass die meisten Interpreten davon ausgehen, es müsse sich um einen Eigennamen handeln. Damit ergibt sich folgender Text: *Der Sämann* (sator) *Arepo* (Eigenname) *hält* (tenet) *durch seine Mühe* (opera) *die Räder* (rotas).

Der Schriftsteller Gustav René Hocke gibt in seiner Untersuchung *Manierismus in der Literatur* (1959) neben mehreren säkular inspirierten Lesarten auch die im christlichen Abendland verbreitete religiöse Deutung wieder: »Gott (Sator) beherrscht (tenet) die Schöpfung (rotas), die Werke der Menschen (opera) und die Erzeugnisse der Erde (arepo = Pflug) ... Die Vereinigung der Wörter tenet in der Mitte bildet ein Kreuz. Durch Rösselsprung ergeben sich die Wörter Pater noster und AO = das Monogramm Christi.« Archäologisch nachgewiesene Inskriptionen des Sator-Quadrats finden sich neben jenem Fundort in Pompeji, der die Zerstörung der Stadt durch den Ausbruch des Vesuvs im Jahre 79 n. Chr. überstanden hat, im Palast des römischen Statthalters in Budapest sowie auf dem Fragment einer Amphore, die im Nordosten von England ausgegraben wurde, oder in den Ruinen eines 1932 entdeckten ehemaligen Tempels am Ufer des Euphrat, wo im dritten nachchristlichen Jahrhundert eine römische Garnison stationiert war.

Die Deutung der verschiedenen Lesarten des Sator-Quadrats hat neben Archäologen, Historikern oder kryptologisch versierten Literaturwissenschaftlern ganze Kohorten von Hobby-Forschern, mystisch inspirierten Okkultisten oder esoterischen Sinnsuchern auf den Plan gerufen. Als Zauberformel zur Abwehr böser Geister muss das magische Quadrat dort dienen, zum Löschen eines Feuers, wenn man die Formel auf beide Seiten eines hölzernen Tellers schreibt und diesen in die Flammen wirft, als Hals-Amulett gegen negative Einflüsterungen oder als Schutz vor Epilepsie, wenn man die Buchstaben mit einer Nadel, die man vorher zum Nähen eines Totenhemds benutzt hat, auf ein Stück Papier schreibt, dieses über Milchdampf erhitzt und auf einem Butterbrot verspeist. Papier ist, wie sich einmal mehr erweist, geduldig. Das Internet, in dem allerlei spiritistischer Humbug kursiert, führt in manch dubiose Alchemisten-Küche.

Tröstlich bleibt, dass das geheimnisvolle Buchstabenraster schon früh auch die Dichter in seinen Bann gezogen hat. Freilich haben sich an den Rändern des Quadrats auch einige scrabbelnde Denksportler eingefunden, aber immerhin liegt der Fokus nun wieder auf den Buchstaben, dem Spiel und den Regeln und nicht auf spekulativen Bedeutungsüberschüssen. Jedenfalls darf das *Magische Quadrat* in keiner Sammlung von Palindromen (griech. *palindromos* / rückwärtslaufend) fehlen. Auf historisch abgesichertem Terrain befinden wir uns hier jedoch auch nicht. Das fängt schon mit einem der meist zitierten Palindrom-Worte der deutschen Sprache an. Es lautet RELIEFPFEILER und muss einem Ondit zufolge Schopenhauer zugeschrieben werden. Einen Beleg dafür gibt es nicht. Ein ähnlich strapaziertes Wort, das vorwärts und rückwärts gleichlautend gelesen werden kann, ist das Kompositum RETSINAKANISTER. Vielleicht findet sich ein Spaßvogel, der es Johann Heinrich Voß in die Schuhe schieben möchte, dem wir die 1781 erschienene Übersetzung der *Odyssee* ins Deutsche verdanken. Auch Goethe ist in den Kreis der poetischen Palindrom-Lieferanten gezogen worden, als über den häufigen Gebrauch des Wortes STETS – insbesondere im *Faust* (»Ich bin der Geist, der stets verneint«) – spekuliert wurde. Dabei hatte Goethe in einem Brief an Schiller die Palindrome recht eindeutig als »Teufelsverse« charakterisiert. **Palindrom / Mord alpin**

Lassen wir aber die Palindrome, die einen prominenten Absender für sich reklamieren wollen, beiseite und richten unser RADAR auf jene Künstler, die diese Form der ludistischen Wortakrobatik expressis verbis betreiben. Der Schweizer Trümpispieler (Maultrommler), Maler und Dichter Anton Bruhin ist so einer (MAG LAMA AMALGAM) oder der Berliner Schriftsteller Titus Meyer, der mit *ANDERE DNA* eine komplette Palindrom-Erzählung vorgelegt hat. In der zeitgenössischen bildenden Kunst haben sich vor allem der Amerikaner Ed Ruscha (LION IN OIL) und der Schweizer André Thomkins mit dem Palindrom beschäftigt. Von Thomkins, der 1985 starb und in den 1970er Jahren als Professor an der Düsseldorfer Kunstakademie lehrte, stammt der originellste Titel für jene Spezies von Buchstabenvirtuosen und Wortspielernaturen, die sich mit dieser Disziplin beschäftigen. Er nannte sie RETROWORTER. Für Thomkins bedeutete die Arbeit mit dem Palindrom weit mehr als die Suche nach einer schnellen Wortpointe oder einem GAG. Sein schönstes Palindrom ist unsterblich geworden. Es lautet DOGMA I AM GOD. Er ließ es auf eine Hostie prägen.

Siehe **Code** | **Zunge** | **Typographie**

RHAPSODIE

Rhapsoden hießen die antiken Wandersänger, die mit Homers Versepen unterwegs waren. Sie zogen mit ihren Gesängen von Ort zu Ort und priesen die Heldentaten des vielgewanderten Mannes Odysseus, wo immer an fernen Gestaden die dämmernde Frühe mit Rosenfingern erwachte. Während sie über die Dörfer zogen, sich auf öffentlichen Plätzen einfanden und in einer Art Sprechgesang Verse rezitierten, gingen sie ihren Geschäften nach. Sie reparierten Stoffe und nähten Kleider oder Gewänder. Das altgriechische Wort *rhaptein* heißt flicken, zusammennähen, Fäden verknüpfen. Und so ist eine Rhapsodie ein textiles Flickwerk mit poetischer Zugabe. Nicht selten waren diese Gesänge, die neben den Versepen auch Nachrichten oder Neuigkeiten enthielten und von Ort zu Ort spontan variiert oder aktualisiert wurden, für die Bewohner entlegener Dörfer eine wichtige Informationsquelle.

Im Vordergrund aber stand das Spiel auf der Lyra. Der Rhapsode, weiß der Kulturphilosoph Ivan Illich, »verspürte einfach die Inspiration, das zu äußern, was ihm die Muse eingab; nicht Regeln der Kunst trieben ihn zum Singen, sondern göttliche Kraft.« Aber der Rhapsode war auch ein Grenzgänger, der sich auf dem schmalen Grad zwischen der Welt der Mündlichkeit und der Welt der Schriftlichkeit bewegte. Er sang – so Illich in seiner Studie *Im Weinberg des Textes* (1991) – »in einer Welt, in der es schon Buchstaben gab, auch wenn sie meist nur Geritze von Töpfern auf Weihgefäßen waren. Aber das genügte, um die Äußerungen vor den Augen der Griechen aufdämmern zu lassen.«

Die Rhapsoden trugen ihre Versepen öffentlich vor und gingen zur gleichen Zeit dem Geschäft des Flickens und Nähens von Textilien nach. Strukturell sind diese beiden Tätigkeiten durchaus miteinander verknüpft. Binden nicht auch die Lieder und Rezitationen verschiedene Erzählfäden zusammen? Im lateinischen Verb *texere* kommt der enge Zusammenhang von Text und Textil deutlich zum Ausdruck. *Texere* heißt weben, flechten, wirken. Jeder Text ist mithin ein Gewebe. Auch in der deutschen Sprache hat sich die Verwandtschaft des Wortes »Text« mit der handwerklichen Tätigkeit des Webens und Flechtens erhalten. Die Textil-Metaphorik scheint in zahlreichen Formulierungen und Redewendungen durch. Etwa wenn es heißt, einen Erzähl*stoff* zu entwickeln, Handlungs*fäden* zusammenzuführen, Motive zu *verknüpfen* und die Geschichte so in Worte zu *kleiden*, dass narrative *Muster* erkennbar werden. »Termini, die das kunstfertige Herstellen von Texten bezeichnen«, hält die Literaturwissenschaftlerin Erika Greber in ihrer Untersuchung *Textile Texte* (2002) fest, »sind etymologisch rückführbar auf handwerkliche Tätigkeiten: Schaffen, Formen, Machen, Hauen, Bauen, Zimmern, Schmieden, Wirken, Weben, Flechten, Zusammenbinden, Zusammenfügen, Aneinanderreihen, Aneinanderkleben (und zwar in verschiedenen, nicht nur indoeuropäischen Sprachen).«

Die Rhapsoden halten die historischen Exklusivrechte an der Verknüpfung von Gesang und Stoff, von Lied und Faden, von Reparieren und Rezitieren. Aber sie können auch die Entwicklung einer weiteren literarischen Technik, die heute noch auf Performance-Bühnen und in den Salons des Post-Dadaismus gebräuchlich ist, für sich reklamieren.

So arbeiteten bereits die antiken Rhapsoden mit der Variation bestimmter Text-Muster. Viele dieser sogenannten Formelverse aus der Werkstatt Homers waren rhythmisch und syntaktisch so gebaut, dass sie sich als genormte Textelemente an verschiedenen Stellen in das Gesamt-Epos einfügen ließen. Die Rahmenerzählung bildete das Gerüst, während die variabel einsetzbaren Textbausteine den Rhapsoden die Freiheit gaben, an den jeweiligen Ort, die Zeit oder den Anlass angepasste Versionen zu entwickeln. Das Prinzip funktionierte, weil das Repertoire der Verse und Strophen nicht eine in sich geschlossene, unveränderliche Textgestalt darstellte, sondern die Formelverse als Musterstücke oder als Passpartouts austauschbar und remix-kompatibel waren. Sie konnten wie Module in das Gerüst der Rahmenerzählung eingefügt werden. Der Trick bestand in der Wiederholung und Variation flexibler Versatzstücke.

Besonders das Prinzip der Wiederholung kam den Rhapsoden bei ihren Vorträgen zur Lyra entgegen. Jedenfalls hat uns der Sänger, der Homer genannt wird, ein Netz aus engmaschigen Handlungsfäden hinterlassen, das allein in der *Odyssee* aus 12 200 Hexameterversen gewebt ist. Deren Rezitation erforderte eine immense Gedächtnisleistung. Die rhythmisierte Textgestalt des Versepos kam den Rhapsoden beim Memorieren entgegen. Ebenso wie der Endreim war der Rhythmus ursprünglich kein poetisches Gestaltungsmittel, sondern geht auf die Memorierungstechnik zurück. Bis heute macht jedes Kind die Erfahrung: Was sich reimt und auf dasselbe Versmaß hört, lässt sich leichter behalten. »Im hohen alterthum«, bemerkt Jacob Grimm in seiner Vorrede zum *Deutschen Wörterbuch* (1854), »half dem gedächtnis das hersagen gebundner lieder und bewahrte damit zugleich auch die sprache.«

Die Rhapsoden waren mithin veritable Mnemotechniker. Dabei half ihnen das Baukastenprinzip der Formelverse bisweilen aus der Klemme. War das richtige Verspaar gerade nicht zur Stelle, konnte ein anderes aus dem Vorrat der genormten Musterstücke in den Textrahmen eingepasst werden. Auf diesem repetitiven Vortragsprinzip der antiken Rhapsoden basieren noch heute die Techniken der Rapper und Remix-Performer. Rhapsoden, Remixer und Rapper suchen die losen Fäden von Geschichten und binden sie aneinander. Dabei folgen sie einer literarischen Technik, die seit zweieinhalbtausend Jahren in der Dichtkunst gut etabliert ist. Die Ahnherren der Rapper sind die Rhapsoden.

Das Wort »Wiederholung«, wenn man es für einen Moment im Geiste Heideggers als Wieder-Holung läse, scheint in allen Textstrategien, die mit Verwandlung, Permutation, der Um- und Neuschöpfung arbeiten, auf. In dem Präfix »re-« wie in Remix, Repetition oder Reproduzierbarkeit verbirgt sich eine ganze Poetik aus Sub- und Kontext, Textur und Urtext, Variation und Konversion, Abschreiben, Umschreiben und Weiterschreiben, die die Arbeit im Echoraum der Literatur zu einem Herstellen von Wörtern aus Wörtern und das Lesen zu einer fährtenreichen kombinatorischen Tätigkeit macht. Dieser spielerische Umgang mit Sprache gestattet Irritationen, Abweichungen, ja das gezielte Hintergehen einer auf Kohärenz angelegten Kommunikation. Dichtung produziert aus sich selbst heraus jenen semantischen Überschuss, den das Reinheitsgebot einer logischen Sprachordnung ausklammert. **Die Lesbarkeit der Welt / wilder Tadel kerbte Eis**

Literarische Strategien, die sich in dem Präfix »re-« andeuten, hatte auch der Dichter Joseph Brodsky, der 1987 den Literaturnobelpreis erhielt, im Sinn. Sein Übersetzer Felix Philipp Ingold lässt in seiner Schrift *Das Buch im*

Buch (1988) den russischen Dichter mit der Aufforderung zu Wort kommen, »dass jeder neue Schriftsteller – also jeder, der *nachher* kommt – all das absorbiert und assimiliert haben sollte, was vor ihm schon da war; dass er mit seiner eigenen Arbeit immer erst dann beginnen sollte, wenn er jenen Punkt erreicht hat.« Mit guten Gründen ließe sich behaupten, dass Literatur ein Exerzitium darstellt, in dem vorhandene Texte auf Anschlussfähigkeiten überprüft werden. Jeder Text ist die Fortschreibung eines bestehenden Textes. Insofern hat Literatur ebenso wenig einen Anfang wie sie ein Ende hat. Wörter entstehen aus Wörtern aus Wörtern aus Wörtern. Es war Bernhard von Chartres, der – wie Umberto Eco mitteilt – im 12. Jahrhundert ein Bild geprägt hat, das im Lichte der von Brodsky angestellten Betrachtungen über das Verhältnis einer aktuellen zu den vergangenen Kulturen aufscheint: »Wir sind wie Zwerge, die auf den Schultern von Riesen sitzen.«

Siehe **Code** | **Lesen** | **Handschrift**

STIMME

Die Stimme ist das Organ der Sprache. Aber wie kam die Sprache in die Welt? Im Jahre 1769 lobte die Berliner Akademie der Wissenschaften einen Preis aus, in dem nach der göttlichen oder menschlichen Herkunft der Sprache gefragt wurde. Der Gewinner war Johann Gottfried Herder mit seiner *Abhandlung über den Ursprung der Sprache*, die 1772 gedruckt erschien. Herder legte dar, dass der Grundimpuls für das menschliche Sprechen ein den Tieren entlehntes »Tönen« gewesen sei, also nicht primär das Bedürfnis, etwas Konkretes mitzuteilen oder auszusagen. Herder nannte diesen Impuls zur Artikulation die »Sprache der Empfindung«. In einer Art Urszene stellte er dem Menschen ein blökendes Schaf gegenüber. Der stimmbegabte Mensch hört den Laut des Schafs und arbeitet fortan an einer Nachahmung. »Der Mensch«, so resümmiert Herder, »erfand sich selbst Sprache! – aus Tönen lebender Natur.« Damit war auch die Frage nach dem göttlichen Ursprung beantwortet.

Die Ur-Sprache stellt somit eine Art Lautregister dar, entstanden aus dem Echoraum der Welt. Was da mithilfe unserer Sprechwerkzeuge an phonetischen Äußerungen hervorgebracht wird, stellt Herder nun in einen inspirierenden Kontext. »Was war die erste Sprache«, fragt er, »als eine Sammlung von Elementen der Poesie? Nachahmung der tönenden, handelnden, sich regenden Natur.« Der Gebrauch der Lautorgane entsteht mithin als Antwort des Menschen auf das Klangbild seiner Umwelt. Und die Sprache als Ausdruck phonetischer Kommunikation bildet sich in einem Naturraum von Tönen und Geräuschen, den Herder als poetisch beschreibt. Das ist die Grundsituation, aus der sich später höher entwickelte und komplexere Formen eines semantisch strukturierten Sprachvermögens ausprägten.

Mit dem Alphabet und seinen Buchstaben entwickelte der blökende Mensch ein differenziertes Zeichensystem, in dem er seiner Artikulation eine Form gab. Mit der Schrift schließlich schuf er sich ein Medium, das seine persönliche Anwesenheit im Kommunikationsprozess überflüssig machte. Schriftliche Mitteilungen sind nicht an eine bestimmte Zeit oder einen spezifischen Ort gebunden. Als Schreibkundiger wurde der blökende Mensch mobil. Derweil hielt das Arsenal der Buchstaben ein breites Spektrum an Ausdrucksmöglichkeiten für ihn bereit. »Das Alphabet«, stellt Ivan Illich in seiner Studie *Im Weinberg des Textes* fest, »ist schon eine ausgezeichnete Technik ... Anders als andere Schriftsysteme zeichnet es Laute auf und nicht Gedanken. Und hierin ist es absolut narrensicher: Einem Leser kann beigebracht werden, Dinge zu äußern, die er niemals vorher gehört hat. Das hat das Alphabet während der letzten zweitausend Jahre immerhin geleistet, und zwar mit unvergleichlicher Effizienz.« Für diese Effizienz hat das Geräuschrepertoire der Natur, der Herder die Schlüsselrolle beim Spracherwerb zuerkannt hat, die Folie geliefert.

Über die Zeiten hat sich das vielstimmige Klangbild der Sprache vor allem in rhythmischen oder melodischen Lautäußerungen erhalten. Auch die Herkunft der Lyrik aus dem Reich der Töne, aus dem Lied und dem Gesang – Lyrik kommt von Lyra – ist in der Sprache der Dichtung immer hörbar geblieben. Nur versäumen wir bisweilen, unseren Ohren auch zu trauen. »Wir müssen musikalisch lesen«, fordert auch der amerikanische Literaturwissenschaftler James Wood in seiner Schrift *Die Kunst des Erzählens* (2011), »einen Satz auf Genauigkeit und Rhythmus prüfen.« Von Flaubert geht die Kunde, dass er des Nachts, wenn die selbst auferlegte Fronarbeit am Manuskript seiner *Madame Bovary* eine Unterbrechung duldete, ans geöffnete Fenster trat und den soeben verfassten Text mit lauter Stimme in die Stille rief, um sich der klanglichen Qualitäten des Geschriebenen zu versichern. Hören wir die Musikalität der Sprache noch oder sind wir so sehr auf den Informationsgehalt einer Aussage fixiert, dass wir die Bedeutung von Rhythmus, Klang und Tonalität in der Literatur gar nicht mehr wahrnehmen? Aber ist es nicht gerade das Timbre einer unverwechselbaren Stimme oder der Sprechduktus eines vertrauten Menschen, die uns lange vor der eigenen Lektüre in die Geheimnisse der Sprache einführen? **Geheimnis / geh im Sein**

Auf der Bühne der Poesie hat die Stimme das Sagen. Sie ist ja nicht nur ein Verlautbarungsorgan, Träger und Transportmittel von Information, sondern die Stimme ist auch rhetorisches Instrument; in ihr artikulieren sich Ausdruck, Form und Stil. Jede Stimme hat ihren eigenen Sound, trägt eine signifikante Spur. Wie die Handschrift beim geschriebenen Wort beglaubigt sie den Text, den sie vorträgt, mit einer akustischen Signatur. Es ist die physische Präsenz einer Stimme, die den Worten Aura verleiht. Diese Präsenz, die aus einem Körper spricht, kann die Adressaten, die Zuhörerinnen und Zuhörer, unmittelbar einbeziehen. Von Pythagoras wird berichtet, dass er durch einen Vorhang zu seinen Schülern sprach, damit sie sich besser auf seine Stimme konzentrieren konnten. In unserer multimedialen Überforderungsepoche ist die Individualität der Stimme eines der markanten Distinktionsmerkmale. Wir sprechen ja nicht von ungefähr vom Gewicht einer Stimme, zu dem

Klangfarbe, Kolorit und Intonation beitragen. Dadurch empfängt die Stimme ihre Unverwechselbarkeit. Das wissen nicht nur die Dichter, die ihre poetischen Texte vortragen, das wissen auch die Profiler, die eine Stimme als kriminaltechnisches Beweismittel heranziehen.

Die Stimme braucht, um gehört zu werden, das Ohr. In unseren Tagen sind wir oft so sehr auf den Sehsinn und die mythische Kraft des Visuellen fixiert, dass wir den Stellenwert des Hörens vergessen. 360 verschiedene Signale könne das Ohr in der Sekunde wahrnehmen, das Auge lediglich 16, sagt der Filmregisseur und Schriftsteller Alexander Kluge. Das akustische Medium Radio rangiert deshalb für ihn vor den visuellen Medien, wenn es um Zuverlässigkeit und Integrität geht. Beim Radio ist das Hören der primäre Empfangsmodus. »Vertrauensbildung über das Ohr« nennt Kluge diese Form der Wahrnehmung. Ein solides Urvertrauen in das Hören hat der Mensch bereits früh ausprägt. Lange bevor er zum ersten Mal die Augen aufschlägt und sein Seh-Sinn erwacht, hat er vor der Geburt den Mutterbauch als akustischen Raum wahrgenommen. Er hat die Stimme der Mutter gehört und Geräusche aus ihrer Umwelt. Später wird er die Erfahrung machen, dass man die Augen schließen kann, die Ohren nicht.

Aus der *Odyssee* ist jene Episode überliefert, in der Odysseus seinen Mannen an den Rudern die Ohren mit Wachs verschließt, damit sie nicht dem verführerischen Gesang der Sirenen verfallen. Diese Begebenheit hat den Apotheker Maximilian Negwer inspiriert, ein neues Produkt mit Namen *Ohropax* zu entwickeln. Im dröhnenden Schlachtenlärm des Ersten Weltkriegs machten die Ohrstöpsel die Probe auf den Ernstfall. Einen effektiveren Großversuch als den Weltkrieg hätte sich der rührige Erfinder nicht wünschen können. Tatsächlich kamen die Ohrstöpsel besonders bei jenen Soldaten zum Einsatz, die von den Fronterfahrungen mit pausenlosem Artilleriefeuer und den Schmerzensschreien verwundeter Kameraden schwer traumatisiert waren. »Kriegszitterer« oder »Schüttelneurotiker« wurden die nicht mehr einsatzfähigen Soldaten genannt. Den Ärzten, die sie nach meist erfolglosen Therapien auf Geheiß der Generalität wieder fronttauglich schreiben mussten, sei die Rolle »von Maschinengewehren hinter der Front« zugefallen, befand Sigmund Freud in seinem Gutachten *Über die elektrische Behandlung der Kriegsneurotiker* aus dem Jahre 1920. *Ohropax* konnte die »Kriegszitterer« nicht heilen, aber wenigstens ihren Gehörsinn deutlich heruntersetzen. Aber nicht nur gegen den Gefechtslärm, auch gegen die Stimmen der anderen ist bisweilen eine Geräuschdämmung vonnöten. Aus einem Brief von Franz Kafka an Felice Bauer stammt der Satz: »Ohne Ohropax bei Tag und bei Nacht ginge es gar nicht.«

Wie präsent die Stimme im Radius unserer Wahrnehmung ist, sehen wir an den Spuren, die sie im Resonanzraum unserer Sprache hinterlassen hat. Wir sprechen von Stimmung, von Verstimmung und von Bestimmtheit. Wir lassen uns umstimmen und stimmen ab. Und manchmal werden wir überstimmt. Aber stets streben wir nach Stimmigkeit. Denn das Unbestimmte macht uns Angst. Also vertrauen wir der inneren Stimme. Ob sie uns einzustimmen vermag? Bestimmt, sagen wir uns. Dann schweigen wir. Doch selbst im Verstummen klingt die Stimme noch nach.

Siehe **Note** | **Öffentlichkeit** | **Zunge**

TYPOGRAPHIE

Ursprünglich ist ein Schweizerdegen ein spätmittelalterliches Schwert, das sowohl als Hieb- wie als Stichwaffe diente. In unserem zivilgesellschaftlich befriedeten Sprachgebrauch bezeichnet man als »Schweizerdegen« einen Spezialisten, der sowohl als Schriftsetzer wie als Buchdrucker ausgebildet ist. Wer vom Fach ist, kennt die Formel: »Ein Schweizerdegen ist ein Mann, der setzen als auch drucken kann.« Mit anderen Worten: seine Kunstfertigkeit, eine Textseite, ein Buch oder ein Plakat mit beweglichen Lettern zu setzen und den Druckvorgang zu steuern, muss hieb- und stichfest sein. Die typographische Gestaltung umfasst dabei auch das Layout, die Wahl oder den Entwurf von Satzschriften, die Frage des Papiers, seine Stärke, seine Farbe und seine haptische Qualität, die Einbindung von Bildern oder Graphiken sowie die Anordnung des gesamten Materials mithilfe von Absätzen, Rändern und Leerräumen auf der Fläche. Von Ligaturen, Kapitälchen, Stegen, Spalten, dem Zeilenfall oder dem Abstand zwischen den Buchstaben ganz zu schweigen.

Die gute Lesbarkeit ist in diesem komplexen Gestaltungsgeschehen der wichtigste Indikator. Häufig übersehen wird der Umstand, dass ein Textkörper – ob eine Gebrauchsanweisung, ein Werbeslogan, ein Katalog, ein Roman oder ein Gedicht – durch die formale Auswahl der Schriftarten, den Satzspiegel oder die Papierqualität auch inhaltlich eine Prägung erfährt, die an der Lektüre mitarbeitet. Wir erfassen einen Text nie nur im Hinblick auf seinen semantischen oder poetischen Gehalt, auch seine Gestaltung auf dem jeweiligen Trägermaterial hat an der Rezeption maßgeblichen Anteil. Bei einer indifferenten typographischen Präsentation der Buchstaben und ihres Umfelds leidet auch die Wahrnehmung. Der Literaturwissenschaftler Roland Reuß stellt daher fest, dass ein Buch »eben nicht einfach nur, wie manche uns gerne weismachen wollen, eine gedruckte Datei« sei, sondern ganz wesentlich der »Optimierung des Übergangs verschriftlichter Gedanken ins Verstehen« diene. »Für die zentrale Stellung des Buches im Erwerb von Wissen« sei »die typographische Einrichtung in ihrer ganzen Differenziertheit der entscheidende Faktor« (*Neue Zürcher Zeitung*, 3. Februar 2011). Mittlerweile hat das Buch seine zentrale Stellung im Reich des Wissens verloren. Für die Zukunft der Schrift wird nun maßgeblich sein, wie sie die Herausforderung, die das Format der Bildschirme darstellt, bewältigt, ohne einer »typografischen Obdachlosigkeit« (Reuß) anheimzufallen. **Lettern ziehen Kreise / Zeitkehre, Seele rinnt**

Ob die Typographie den Status einer Kunstform reklamieren soll oder ob sie sich mit dem Ehrentitel eines soliden Handwerks begnügen muss, daran scheiden sich die Geister. Während die Avantgarden, allen voran die italienischen Futuristen, die Frage nach einer eigenständigen Kunstform noch entschieden bejahten, behandelt das Nachkriegs-Design diese Angelegenheit deutlich abgeklärter. Seitdem geht es stärker um die Lesbarkeit von Texten, um die Wirkung von Schriftbildern oder den Signalcharakter von Buchstaben im Kontrast zu anderen alltagskulturellen Phänomenen. An die Stelle des Kunstanspruchs sind neben ästhetischen vor allem funktionale Formen der Gestaltung getreten. Mit der Typographie verhält es sich ähnlich wie mit Filmmusik. Sie ist präsent, auch wenn man sie nicht bewusst wahrnimmt. Unter den Bildern entrollt sie eine akustische Folie, die die Handlung atmosphärisch begleitet, das Tempo vorgibt und die Stimmungslagen grundiert.

Zu den elementaren Entscheidungen bei einer typographischen Gestaltung gehört die Auswahl der Schrift. Die erfolgreichsten Schriften der Nachkriegszeit wurden in der Schweiz entwickelt. Den Ursprüngen geht Simon Garfield in seinem Buch *Just My Type* (2012) nach. »Helvetica und Univers wurden beide 1957 von Schweizer Hand entworfen, um dann die moderne Welt umzugestalten. Sie schufen Ordnung in Verkehrsnetzen und sogar in ganzen Städten. Keine andere Schriftart wirkte so selbstbewusst und entschlossen wie diese beiden.« Und dann berichtet Garfield von einem interessanten Experiment. Der New Yorker Typograph Cyrus Highsmith hatte sich vorgenommen, einen Tag ohne Helvetica auszukommen. Das bedeutete konkret, kein Verkehrsmittel zu nehmen, auf dem sich diese Schrift fand, keine Lebensmittel zu verzehren, auf deren Verpackung sie verwendet wurde, und keine Kleidung überzustreifen, deren Etikette Helvetica-Buchstaben trugen.

Das Ergebnis war niederschmetternd. Der arme Mann musste in einem alten T-Shirt und vorsintflutlichen Armeehosen das Haus verlassen und seinen Weg in die City zu Fuß zurücklegen. Als sich sein Appetit bemerkbar machte, sah er sein Gelübde auf eine harte Probe gestellt. Mit einer Teepackung, auf der sich nur japanische Schriftzeichen fanden, und einer Handvoll frischem Obst stand er schließlich an der Supermarkt-Kasse. Als es ans Bezahlen ging, musste er die mühsam ausgesuchten Lebensmittel wieder ins Regal zurückstellen. Auch die neuen US-Dollar-Noten trugen Helvetica-Buchstaben. Endlich wieder daheim angekommen, freute er sich auf einen entspannten Fernsehabend, aber er scheiterte bereits an der Fernbedienung. Schließlich traf er ganz hinten in seinem Bücherregal auf einen Band, den er lesen durfte, ohne sein Versprechen zu brechen: Raymond Chandlers *The Long Goodbye*. Das Buch war in der Schriftart Electra gesetzt. So endete der Hindernislauf durch einen Tag ohne Helvetica vor der Bürotür des Privatdetektivs Philip Marlowe, der sich gerade einen Gimlet mixt. Welche Schrift für das Etikett auf der Gin-Flasche verwendet wurde, lässt Chandler gottlob unerwähnt. Die Helvetica wurde von Max Miedinger und Eduard Hoffmann entworfen, die Univers verdanken wir Adrian Frutiger. Im Jahre 2007 feierte das Museum Of Modern Art in New York das fünfzigjährige Jubiläum der Helvetica mit einer eigenen Ausstellung. Cyrus Highsmith hätte schon am Eingang abdrehen müssen.

»The people oft the future will not seek poetry in libraries but on the walls of their rooms«, prognostizierte der Avantgardist Carlo Belloli, als er im Jahre 1944 die Zukunft der Dichtung nicht auf bedruckten Papierseiten, sondern in Form von Buchstaben-Installationen im öffentlichen oder privaten Raum sah. An der Schnittstelle von Typographie, Literatur, Film und Design haben sich seitdem zahlreiche künstlerische Positionen entwickelt, die man als visuelle Poesie oder als »Seh-Texte« (Christina Weiss) bezeichnet. Dabei werden die Buchstaben als Medium und Material betrachtet, wobei weniger ihre semantischen Eigenschaften zählen, sondern vielmehr – wie in dem Begriff »Textkörper« anschaulich wird – ihre physische Beschaffenheit. Buchstaben werden zu Objekten, zu Artefakten, zu autonomen und konkreten Gegenständen, die man sehen, anfassen und künstlerisch bearbeiten kann. In der visuellen Poesie sind die Buchstaben von ihrer Fixierung auf Narration oder

Information befreit und folgen einer Syntax aus Strichen, Linien, Punkten und Bögen, die sich als typographische Zeichen im Raum artikulieren. Das kann ein Blatt Papier sein oder ein dreidimensionaler Raum, eine Wand, ein Bildschirm, ein Podest, der Fußboden oder die Haut. Beim *skytyping* ist es der Himmel.

Siehe **Handschrift** | **Lesen** | **Ostrakon**

UNSINNSPOESIE

Am Grund der schiefen Töne / erscheint das Tiefenschöne. Oder: *Bei permanentem Landregen / musst du dich an den Rand legen.* Oder: *Was Statiker im Zelt wittern / nennt man das große Weltzittern.* Der Schüttelreim hat in der Unsinnspoesie ein festes Domizil gefunden. Es dürfen natürlich auch *Sportwitze* sein, die den Nonsens auf die *Wortspitze* treiben. Schüttelreime sind seit dem 13. Jahrhundert belegt. Das 20. Jahrhundert verdankt vor allem Erich Mühsam oder Eugen Roth einige besonders originell geschüttelte Verse, die auch in Gedichtform vorliegen. Ein anderer Schüttelreimer war C. Palm-Nesselmanns – ein Namensanagramm auf Clemens Plassmann. Zum Repertoire des kunstsinnigen Bankiers gehörten zudem lateinische Chronogramme und monovokalische Sentenzen. Eine hört auf den Buchstaben e: »Gestern ersegelte der Rechenlehrer Engelbert Eggebrecht den begehrten Tegernseer Wettbewerbsbecher.«

Geht es aber auch ganz ohne das e? Vielleicht muss man Georges Perec heißen und über einen Eigennamen verfügen, in dem das e den tragenden Vokal darstellt, um sich zu der Unternehmung hinreißen zu lassen, gleich einen kompletten Roman ohne den Buchstaben e zu schreiben. Das Buch erschien 1969 in Frankreich unter dem Titel *La Disparition* und wurde 1986 ins Deutsche übertragen. Hier hieß es *Anton Voyls Fortgang*. Der Übersetzer war Eugen Helmlé. Was den Buchstaben e in seinem Namen angeht, kann er es getrost mit Georges Perec aufnehmen. Übersetzungen von *La Disparition* ins Spanische, ins Englische, ins Schwedische oder ins Russische folgten. Kleinster gemeinsamer Nenner aller Übersetzungen ist der Verzicht auf jenen Buchstaben, der nach der Häufigkeitsverteilung im Alphabet nicht nur in der deutschen Sprache an erster Stelle steht.

»Mobiliar und Luxus sagt ihm nichts, darum ist Antons Wohnung schlicht und schmucklos. Kalkwand, Tisch, Stuhl und Sofa, und dazu stinkts furchtbar nach Knoblauch. Damit hat sichs.« Was im Paris der späten 1960er Jahre mit einer Wette begann, die Perec mit einem Freund eingegangen war, kann sich auf eine in der Literaturgeschichte gut eingeführte Methode berufen. Schon in der griechischen Antike des sechsten vorchristlichen Jahrhunderts kursierten sogenannte Lipogramm-Texte, bei denen auf den Buchstaben Sigma verzichtet wurde. In der Barock-Lyrik bei Barthold Heinrich Brockes oder Georg Philipp Harsdörffer wurde das Lipogramm dann als lautpoetisches Stilmittel eingesetzt, um Gedichte klanglich homogen zu gestalten. So sparte man gezielt Worte aus, in denen der als hart empfundene Buchstabe r vorkam. Das Lipogramm erlebte im 19. Jahrhundert noch einmal eine kurze Blüte, dann wurde es still um die Kunst des ausgelassenen Buchstabens. Erst Perecs Wette setzte diese alte Technik wieder auf den literarischen Spielplan. Im Jahre 1993 verschärfte der Übersetzer Eugen Helmlé die Regel und veröffentlichte unter dem Titel *Nachtzug nach Lyon* einen eigenen Roman, in dem er auf die Buchstaben e und r verzichtete.

Ein Kuriosum? Gewiss, doch darin geht die Geschichte nicht auf. In der experimentellen Literatur, der Nonsens-Dichtung oder der Unsinnspoesie bilden Sprache, Spiel und Regeln eine enge Liaison. Mit einem erfindungsreichen Setting an ausgeklügelten ludistischen Techniken gilt es, die Literatur in Randbereiche zu führen, in denen ihre Grenzen ausgelotet werden. Dazu zählen vor allem Formen der Regelverschärfung, die ein wesentliches Element in der Versuchsanordnung von Literatur und Spiel darstellt. Zum Spektrum der Methoden gehören das Lipogramm, das Anagramm, das Pangramm, das Palindrom, alphanumerische Techniken oder ein selbst gestellter Kanon an kreativen Regeln, wie ihn Autorengruppen um die französischen *Oulipisten* statuieren und darin einen bis heute uneingeholten Ideenreichtum entwickeln.

Dabei wirkt das Nadelöhr des ästhetischen Formzwangs nicht, wie gemeinhin angenommen wird, einschränkend, sondern durchaus produktiv. Erst durch die Methoden der Beschränkung ergeben sich nämlich sprachliche Lösungen, die ohne die Anwendung von Regeln nicht zustande gekommen wären. Jedes Reimschema verfährt strukturell ähnlich. Nietzsche sprach in anderem Zusammenhang einmal vom »Tanz in Ketten«. Für die Arbeit am Text könnte man sagen: Die Buchstaben werden durch Regeln an die Leine genommen und auf Pfade geschickt, die in unbekanntes Terrain führen. Dieses Bild lässt sich gut auf die *terra incognita* einer prozessorientierten und ergebnisoffenen Literatur übertragen, in der sich eine durch Alltagskommunikation, Gebrauch und Gewohnheit allzu selbstverständlich erscheinende und abgegriffene Sprache neu erfinden soll. Die Sprache neu erfinden wollte auch der 1946 in Paris auf den Plan getretene *Lettrismus*, der den einzelnen Buchstaben als letzte unteilbare Instanz ausrief und ihn zum zentralen Movens einer neuen Poetik bestimmte. Im Rahmen einer vom *Lettrismus*-Gründer Isidore Isou als »Hypergraphologie« titulierten ästhetischen Strategie sollten auch in der Malerei bildnerische Elemente durch graphische Zeichen ersetzt werden.

Wenn die Arbeit an einem literarischen Text einem Regelkanon folgt, der nicht-intentional angelegt ist, werden auch die Autorin oder der Autor, die das Regelwerk anwenden, immer wieder mit überraschenden Ergebnissen konfrontiert. Die Buchstaben lassen sich dann nur bedingt vom Willen der schreibenden Hand einfangen. Die Arbeit am Text ist zunächst ganz auf den Prozess konzentriert. Bei einem Anagramm z. B. kann man nicht auf ein angezieltes Ergebnis hinschreiben. Ein Anagramm sucht man nicht, man findet es. Wenn sich aus dem Wort *Postmoderne* durch kombinatorische Umstellungen das Wort *Sondertempo* ergibt, mag das eine willkommene Pointe sein, aber planbar ist sie nicht. Sie ergibt sich erst im Spiel der Buchstaben. Der schreibenden Hand kommt dabei die Rolle zu, die Versuchsanordnung zu entwerfen, die Bewegung der Buchstaben zu koordinieren, sie immer wieder erneut auf die Reise zu schicken, beizeiten zu intervenieren und vor allem den hungrigen Papierkorb mit großzügigen Abwürfen zu bedenken. Bei dieser Textarbeit muss indes immer eine Kategorie im Blickfeld bleiben, die Hans Magnus Enzensberger als »poetische Sekundärstruktur« bezeichnet hat. Die Hand muss somit die entstandenen Arbeitsergebnisse nach poetischen Kriterien formen und zusammenführen oder den ganzen Buchstabensalat verwerfen. Im Zweifelsfall muss ein Reset mit Methodenwechsel eingeleitet werden. **Buchstaben sind wie Ameisen / sind wie Stiche, beben an Saum**

Mit einer »Paradiessprache«, in der die Laute »nicht mehr Sinn und Inhalt, sondern Emotionen symbolisieren«, so der Schriftsteller Richard Huelsenbeck, wollten die Dadaisten, deren Mitbegründer er war, Neuland betreten. Vor ihnen hatten bereits Lewis Caroll mit *Alice in Wonderland*, Christian Morgenstern mit seinem *Großen Lalula* oder der selbsternannte Phantast Paul Scheerbart (»Lesebesebímbera –

surû – huhû«) einige markante Wegweiser aufgestellt. Nach dem Zweiten Weltkrieg kamen die Post-Avantgardisten der *Wiener Gruppe* mit H. C. Artmann, Konrad Bayer, Gerhard Rühm, Elfriede Gerstl – als einziger Frau – und Ernst Jandl, der sich mit dem Titel des »Onkels« bewusst in eine Seitenlinie einreihte. Daneben formierten sich die methodischen Experimentatoren der Stuttgarter Schule um Max Bense mit Helmut Heißenbüttel, Reinhard Döhl und Elisabeth Walther-Bense. Nicht zu vergessen jene Sprachkünstlerinnen und Wortvirtuosen, die als Solitäre unterwegs waren oder sind wie Unica Zürn, Eugen Gomringer, Franz Mon, Oskar Pastior, Friederike Mayröcker, Ror Wolf oder Nora Gomringer.

Ein anderer Solitär, der notorisch Reißaus nahm, wenn er nur in die Nähe einer Gruppe gerückt wurde, und vielleicht deshalb immer ein heimlicher Fixstern blieb, war Karl Valentin. Einen »Wortzerklauberer« nannte ihn der Theaterkritiker und Schriftsteller Alfred Kerr schon früh. Auf Karl Valentin, der in seinen skurril-absurden Sketchen meistens mit seiner Partnerin Liesl Karlstadt auftrat, beriefen sich Brecht, Tucholsky oder Beckett und in jüngeren Tagen Loriot, Herbert Achternbusch oder Helge Schneider. Mittlerweile hat er auch im Universum einen Echoraum gefunden, wo ein Asteroid nach ihm benannt wurde: *(21110) karlvalentin*. Vielleicht hat der ehemalige Varietékünstler, der 1948 starb, ja dort sein Domizil errichtet. »Heute mache ich mir eine Freude und besuche mich selbst. Hoffentlich bin ich daheim.«

Siehe **Passwort** | **Faktor X** | **Erzählen**

VOGEL-V

Der Buchstabe V ist ein umtriebiger Geselle. Zwar steht er im Alphabet stabil an 22. Stelle, bei seinem Lautwert aber fangen die Irritationen schon an. Mal intoniert man ein weiches W, mal ein hartes F. Eine feste Regel gibt es nicht. Diverse Verse werden nun mal *diwerse Ferse* ausgesprochen und nicht *diferse Werse*. Außerdem treibt der Buchstabe V sich gern auch außerhalb des Alphabets herum und dient als Victory-Zeichen, als lateinisches Zahlzeichen für die Fünf oder er beschreibt die Spur, die ein Vogelzug in den Himmel malt. »Vogel-V«, sagt die Lehrerin, wenn sie den Schülern den Unterschied zum lautgleichen F verdeutlichen will. Doch da ist das letzte Wort noch nicht gesprochen. Bei der *Gesellschaft für deutsche Sprache* fragt man sich nämlich, ob das V nicht abgeschafft und durch das F und das W ersetzt werden könnte. Das wäre auf der Lautebene problemlos möglich. Wie wollte man aber, so wendet unsere Lehrerin listig ein, ohne den Buchstaben V die Worte *viel* und *fiel* unterscheiden?

In der zweiten Hälfte des 18. Jahrhunderts hatte sich auch der Dichter und »Orthographie«-Reformer Friedrich Gottlieb Klopstock für die Eliminierung des Buchstabens V sowie der Buchstabenkombination PH starkgemacht, um sie im Sinne einer rein am Hören orientierten Sprache durch den Buchstaben F zu ersetzen. Ein spätes Werk Klopstocks trug den Titel *Ueber Sprache und Dichtkunst:*

Fon einer lateinischen Uebersetzung des Messias. Zäntes Fragment. Ein Sorgenkind im deutschen Alphabet war der Buchstabe V schon von Beginn an. Es mangelte an hinreichender Unterscheidbarkeit zum benachbarten U. »AM anfang schuff Gott Himel vnd Erden«, heißt es bei Luther. Aber auch zum Ypsilon gab es Abgrenzungsschwierigkeiten. In der Gotenbibel des Bischofs Wulfila aus dem vierten nachchristlichen Jahrhundert wird anstelle des V der griechische Buchstabe Y verwendet. Erst im 17. Jahrhundert konnte das V sein Profil schärfen und sich gegen die Nachbar-Buchstaben als eigenständiges Schriftzeichen durchsetzen. Sein Lautwert hingegen blieb indifferent. Halten wir uns also lieber an Gewissheiten und beobachten die Himmelschrift der Kraniche. Auf ihrem Flug nach Süden bilden die Tiere eine V-förmige Konstellation, bei der die kräftigen und erfahrenen Vögel vorausfliegen. Mit den Familien und den Jungtieren im Schlepptau schreiben sie ein großes V an den Himmel.

Eine reich frequentierte Vogelfluglinie lässt sich auch in der Poesie nachzeichnen. So zählt schon der Barockdichter Barthold Heinrich Brockes mehr als ein Dutzend verschiedene Töne der Nachtigall auf und bleibt damit weit hinter den 400 Strophen pro Stunde zurück, die zeitgenössische Ornithologen in Nachtigallen-Kehlen gezählt haben. Nachtigallen, Amseln oder Rotkehlchen gehören zu den Vögeln, deren Gesang man in der Dichtung häufig begegnet. Als besonders kreative Meistersänger gelten indes die Kanarienvögel, die über ein beeindruckendes Repertoire verfügen und jedes Frühjahr mit neuen Melodie-Varianten aufwarten. Zweistimmig singen derweil die Staren-Männchen, bei denen man deutlich eine Ober- und eine Unterstimme unterscheiden kann. Zudem gelten Stare als glänzende Stimmenimitatoren. Sie können nicht nur andere Vögel nachahmen, sondern verstehen sich auch auf Hundegebell oder Froschlaute. Wahrscheinlich stecken die Stare auch hinter jenen Berichten, die Birdwatcher aus New Yorks Central Park kolportieren, dass nämlich Vögel lustig die Klingeltöne von Mobiltelefonen rauf und runter singen.

Teste Flugsinn / Luftnest, singe

Wie die Vögel heißt ein Gedicht von Rainer Maria Rilke, in dem die gefiederten Bewohner aus Glockenstühlen plötzlich, vom dröhnenden Klang aufgeschreckt, davonstieben und »Namenszüge / ihrer schönen / Schrecken um die Türme schreiben«. Bei Robert Frost ist es eine Krähe, die ihr Versteck im Baum verlässt und den Spaziergänger in »dust of snow« hüllt. Friederike Mayröcker führt indessen Zwiegespräche mit Schwalben, und Hans Magnus Enzensberger schaut den Eskapaden eines Mauerseglers zu: »Unbeholfen am Boden, fliegt er mühelos / drei-, vier-, fünftausend Meter hoch / über unsre Köpfe hinweg / in die Tropen.« Die Hymne auf den kleinen Segler endet mit der lapidaren Feststellung: »Unsere Bewunderung geht ihn nichts an.« Auch Henning Ziebritzki folgt den Flugbewegungen der Mauersegler: »… aus dem Himmel, wie durch Luken, / geworfen, winzige Rümpfe, Segel, im hohen Wind …« *Vogelwerk* lautet der Titel seines Gedichtbands, für den er 2020 den Peter-Huchel-Preis erhielt.

Über allem aber schwebt Edgar Allan Poes *The Raven*. »Once upon a midnight dreary …« Wer das Gedicht einmal gelesen oder gehört hat, wird die krächzend hervorgestoßenen Worte des Raben nie mehr vergessen: »Nevermore«. Es gibt kaum einen lyrischen Text der Neuzeit, der bis in die entlegensten Frequenzen so unterschiedliche Resonanztöne nach sich gezogen hat. Das Werk wurde unzählige Male auf Tonträgern rezitiert, Gustave Doré hat es illustriert und Charles Baudelaire sowie Stéphane Mallarmé haben es ins

Französische übersetzt. Eine der deutschen Übertragungen stammt von dem Schriftsteller und Joyce-Übersetzer Hans Wollschläger. Die literarischen und popkulturellen Anspielungen, die Poes Raben im Zeichen führen, stecken für die Wirkungsgeschichte ein weites Feld ab. Roger Corman hat aus dem Stoff des Gedichts einen Film mit Boris Karloff und Peter Lorre gemacht, die Coen Brothers verwendeten Motive daraus für ihren Film *Ladykillers*, Lou Reed hat den Text musikalisch bearbeitet, bei den Simpsons wird er als Gruselgeschichte vorgelesen und das Football-Team jener amerikanischen Stadt, in der Edgar Allan Poe 1849 gestorben ist, nennt sich *Baltimore Ravens*. So hat der Rabe sein eigenes »Nevermore« erfolgreich Lügen gestraft. Um das Vogel-V muss man sich jedenfalls keine Sorgen mehr machen. Mit und in Poes *Raven* – nicht zuletzt als Mittelachse im Schriftbild des Worts – ist es unsterblich geworden.

Wer ist V.? Ist es eine gewisse Victoria Wren, die im Florenz der 1890er Jahre in Verdacht geriet, den Plan zum Raub von Botticellis Venus aus den Uffizien angestiftet zu haben? Ist es Veronica Manganese, die in der Unabhängigkeitsbewegung von Malta eine dubiose Rolle gespielt hat? Ist es Vera Merowing, die zur Zeit der deutschen Kolonialherrschaft in Südwestafrika Zeugin eines Aufstandes gegen die Invasoren wurde? Oder ist V. eine Ratte im Bauch von Manhattan, die ein entlaufener Jesuitenpater zu bekehren versuchte? In dem Debütroman von Thomas Pynchon mit dem Titel *V.* stößt der Protagonist Herbert Stencil in den Tagebüchern seines Vaters, eines britischen Geheimagenten, immer wieder auf die Initiale V. und macht sich auf eine abenteuerliche Suche. »Was dem Lustmolch gespreizte Schenkel bedeuten, dem Ornithologen die Flugwege der Zugvögel, dem Werkzeugmacher seine Drehbank, das war für den jüngeren Stencil der Buchstabe V.«

Kann die Dechiffrierung eines Buchstabens Ordnung in das Chaos einer Welt bringen, in der sich jeder Sinn nur als eine mögliche Variante im Spiel inkonsistenter Bedeutungsebenen entpuppt? In der das Prinzip der Kontingenz herrscht, wo alles ist, wie es ist, aber auch ganz anders sein könnte; in der die Wahrheit bestenfalls eine empirische Evidenz hat, die dem Zufall und der Willkür aber nichts entgegensetzen kann?

Pynchon schickt mit diesem 1963 erschienenen Roman seine Leserinnen und Leser in einen Irrgarten aus Fakten und Fiktionen, in dem Paranoia, Obsessionen, eine große Weltverschwörung und die individuelle Suche nach dem Schlüssel für ein Geheimnis, das schier unergründlich oder vielleicht auch nur ein Fake ist, den Weg flankieren. Die Leser bekommen viele Fäden in die Hand gelegt, die sie selbst zusammenbinden müssen, um bei ihrem Gang durch dieses Text-Labyrinth die Orientierung nicht zu verlieren. Schließlich findet sich ein Weg ins Freie, weil das Buch irgendwann zu Ende gehen muss. Aber vielleicht hat es auch gerade erst begonnen. 2013, zum 50. Jahrestag des Erscheinens von *V.*, bezeichnete das Magazin *The New Yorker* den Protagonisten Stencil als »a classic desparado« und verglich ihn mit Kapitän Ahab aus *Moby Dick*. Jede Spekulation, was es mit der Initiale V. auf sich habe, musste sich indessen als valsch erweisen.

Siehe **Note** | **Gedicht** | **Feder**

WÜRFEL

Auf einer seiner Entdeckungsreisen verschlägt es Jonathan Swifts Helden Gulliver in die Akademie von Lagado. Dort steht er vor einer raumfüllenden Maschine. Es handelt sich um eine Apparatur, die nach Aussagen ihres Erfinders die »spekulativen Wissenschaften durch mechanische Operationen« erweitern soll. Der maschinenbegeisterte Professor, der mit vierzig Schülern angetreten ist, um das Monstrum vorzuführen, erklärt, dass mit seinem Apparat »auch der dümmste Mensch ohne Genie und Studien, bei sehr geringen Unkosten und mäßiger Leibesbewegung beliebig viele philosophische, politische, juristische, mathematische und theologische Bücher schreiben« könne. Bei der Maschine in der Akademie von Lagado handelt es sich mithin um einen äußerst produktiven Textgenerator, der ohne kreativen Input oder größeren körperlichen Einsatz und bei minimalem wirtschaftlichen Aufwand das ganze Register der akademischen Disziplinen bedienen kann.

Swifts Held Gulliver nimmt den Apparat in Augenschein: »Sichtbar waren nur zahlreiche kleine Holzwürfel, die mit Fäden locker verbunden und auf allen Seiten mit aufgeleimtem Papier überzogen waren. Auf diesen standen alle Wörter ihrer Sprache in verschiedenen Modis, Temporibus und Deklinationibus in scheinbar völliger Willkür aufgeschrieben.« Am Rand der Apparatur, so Swift weiter, seien rundum vierzig Hebel angebracht, wovon ein jeder Schüler einen greife und auf Kommando des Professors eine plötzliche Drehung einschlage, so dass die Wörter auf den Holzwürfeln in ständig neue Positionen zueinander gebracht würden. In Kürze, so der Professor, werde man »aus diesem unerschöpflichen Vorrat der Welt ein vollkommenes System aller Künste und Wissenschaften« liefern.

Swifts Textgenerator aus *Gullivers Reisen* (1726) ist ein famoses Parodiestück auf die maschinenfixierte Wissenschaftsgläubigkeit des 18. Jahrhunderts, in dem Automaten das mechanistische Weltbild prägten und bis in den letzten Winkel der Alltagsbewältigung vordrangen. Zugleich verfügt Swifts Textmaschine in ihrer Papierform bereits über alle mechanischen und kombinatorischen Elemente, die bis in unsere Tage bei Text- oder Poesiemaschinen, sofern sie noch analog strukturiert waren, Anwendung gefunden haben. Die Konstrukteure barocker Textgeneratoren begannen wie später die Entwickler von *poetry machines* als Würfler. Als zentrales Moment liegt all ihren Spielanleitungen das aleatorische Prinzip zugrunde. Der Würfel des Alphabets hat 26 Augen.

Anfang der 1970er Jahre war die literarische Arbeit des Schriftstellers Hans Magnus Enzensberger angesichts einer politischen Bewegung, die sich in »Katzenjammer, Sektiererei und Gewaltphantasien« aufgelöst hatte, nach eigenem Bekenntnis ins Stocken geraten, und so war ihm »ausnahmsweise langweilig zumut«. Da besann er sich auf eine alte Erfahrung, wonach Sprach- und Denkspiele den »Vorzug des Obsessiven« mit sich bringen, und setzte sich an den Entwurf eines Gedichtgenerators. Das Ergebnis veröffentlichte er 1974 unter dem Titel *Einladung zu einem Poesie-Automaten.* Der Automat entstand zunächst als abstraktes Modell auf dem Papier und musste ein Vierteljahrhundert warten, bevor er in Form einer diskret vor sich hin ratternden Maschine konkrete Gestalt annehmen konnte. Als Konstruktionsvorlage dienten jene elektromechanischen Anzeigetafeln – sogenannte *Flap Boards* –, wie sie von Flughäfen oder Bahnhöfen bekannt sind. Die einzelnen von einem Schrittmotor angetriebenen Buchstabenpaletten können innerhalb von wenigen Sekunden auf einer sechszeiligen Schrifttafel mit jeweils etwa hundert Buchstabenfeldern einen neuen Text generieren.

Enzensbergers *Poesie-Automat* arbeitet mit programmierten Versatzstücken aus Wortgruppen und Satzgliedern, die nach dem Zufallsprinzip zusammengesetzt werden. Die Kombinatorik des Automaten umfasst eine Textmenge von zehn hoch 36 Variablen. In Gang gesetzt werden die Buchstabenpaletten vom Publikum per Knopfdruck. »Die eiserne Stechuhr sagt mehr über uns als die Vernunft. Neuerdings dichten wir eben. / Ausbrüche. Ratlosigkeit. Abblätternde Paradiese. Im Zweifelsfall sind wir dran.« Im Sommer 2000 wurde der *Poesie-Automat* anlässlich des Festivals *Lyrik am Lech* in Landsberg erstmals der Öffentlichkeit vorgestellt. Mittlerweile hat er im Literaturmuseum der Moderne in Marbach ein festes Domizil gefunden.   **Der Poesieautomat / or a mute poet aside**

Die Faszination einer Weltmaschine, die im 17. und 18. Jahrhundert die Gemüter bewegte, hat Swift mit seinem universalen Textgenerator literarisch karikiert. Im 19. Jahrhundert haben die Maschinen schließlich mit fortschreitender Industrialisierung ganz real eine komplett neue Lebenswelt konstruiert. Doch auch die Würfel von Lagado sind weitergerollt. In seinem 1897 in der Zeitschrift *Cosmopolis* erschienenen Gedicht *Un coup de dés jamais n'abolira le hasard* greift Stéphane Mallarmé das Motiv des Würfels auf und gibt seinem Text die Gestalt einer Lettern-Partitur, in der Einzelworte und Wortgruppen »im ruhelosen

Zuge der Schrift« ohne Interpunktion oder eine vorgegebene Leserichtung in verschiedenen Drucktypen und Schriftgrößen über halbleere Doppelseiten mäandern, mitunter mitten im Fluss abbrechen und auf der nächsten Seite fortlaufen. Mallarmés Gedicht, in dem die Linearität des Textes typographisch aufgelöst wird, greift auf den Bahnen eines immer wieder neu ins Rollen gebrachten Würfels das barocke Motiv der Figurengedichte auf und macht die Textgestalt anschlussfähig für die visuelle Poesie der Avantgarden des 20. Jahrhunderts. So ist sein *Würfelwurf* zu einem Schlüsselwerk für die Dichtung der Moderne geworden.

Mallarmé, der von sich auch als »Ingenieur« oder »Operateur« sprach, hat mit seinem nie vollendeten Lebensprojekt eines absoluten Buches *Le Livre*, für das der *Würfelwurf* die Präfiguration darstellte, eine Werkidee entwickelt, die um die »totale Entfaltung des Buchstabens« kreist. In dem auf mehrere Bände konzipierten Werk sollten die Leserinnen und Leser dem Textfluss nicht wie gewohnt Seite um Seite folgen, sondern die Richtung der Lektüre selbst in die Hand nehmen. Jenseits kausaler Handlungsabläufe und jenseits von Kapiteln, die in Linearlektüre aufeinander bezogen sind, sollten sie wie Reisende durch eine weit aufgespannte Textlandschaft navigieren. Für dieses die Summe aller möglichen Bücher beinhaltende Werk hatte Mallarmé die für seine Zeit astronomische Auflagenhöhe von 480 000 Exemplaren vorgesehen. *Le Livre* blieb ein konzeptuelles Werk, das die Lektüre-Exerzitien, die das Digitalzeitalter bereithält, vorausahnte.

Und heute? Rollt der Würfel als Wort- und Weltmaschine weiter oder heißt es: *alea iacta est,* die Würfel sind gefallen? Jedenfalls sind die Lettern aus dem Gehege bedruckter Papierseiten ausgebrochen und haben die Entdeckung gemacht, dass neben dem zweidimensionalen Medium Buch auch die komfortable Dreidimensionalität der Bildschirme lockt. Da können sie aufpoppen, im Text herumlaufen, sich abgespeichert schlafen legen, weggewischt, wiederholt und auf eine Reise um die Welt geschickt werden. Das ist für die Textbearbeitung enorm praktisch und erlaubt Navigationsmöglichkeiten, bei denen es Swifts maschinenfixiertem Professor und seinem Seminar schwindlig geworden wäre.

Was die Buchstaben auf dem Bildschirm indessen einbüßen, ist jene Autorität, die sie auf der gedruckten Seite eines Buchs oder Dokuments genießen. In den digitalen Schreibprogrammen bilden die Buchstaben eine Ansammlung manövrierfähiger Module, die innerhalb eines Textes beliebig hin und her geschoben, ausgetauscht und sogar gelöscht werden können. Deshalb haben Bildschirmtexte nicht jenen offiziellen Status wie eine gedruckte Urkunde oder ein amtliches Dokument, auf denen spätere Eingriffe nicht mehr möglich sind. Was der Buchstabe auf der einen Seite an medialer Präsenz gewonnen hat, hat er auf der anderen an Autorität verloren. Da hilft auch ein Machtwort von Macbeth nicht weiter: »What's done cannot be undone.« Alle Buchstaben auf den digitalen Keyboards nicken derweil im Takt der Anschläge und lassen eine Losung von Louise Bourgeois auf den Bildschirmen erscheinen: »I do, I undo, I redo.«

Siehe **Buch** | **Handschrift** | **Faktor X**

FAKTOR X

In seiner berühmt gewordenen Rede mit dem Titel *Probleme der Lyrik* stellte Gottfried Benn am 21. August 1951 ein Diktum in den Raum, mit dem er seine Zuhörerinnen und Zuhörer, die sich zahlreich in einem Hörsaal der Universität Marburg eingefunden hatten, überraschte: »... und nun kommt das Rätselhafte: das Gedicht ist schon fertig, ehe es begonnen hat, er (der Autor, S. K.) weiß nur seinen Text noch nicht.« Und dann holt Benn sich Verstärkung bei einem »jungen Schriftsteller« mit Namen Albrecht Fabri, den er wie folgt wiedergibt: »... die Frage, von wem ein Gedicht sei, ist auf jeden Fall eine müßige. Ein in keiner Weise zu reduzierendes X hat Anteil an der Autorschaft des Gedichts, mit anderen Worten, jedes Gedicht hat seine homerische Frage, jedes Gedicht ist von mehreren, das heißt von einem unbekannten Verfasser.« Autorschaft trägt demnach einen hybriden Kern. Neben der Frage nach der Verfasserin oder dem Verfasser tritt der Faktor X auf den Plan, dem Mitsprache an der Urheberschaft eines poetischen Werks zugesprochen werden muss. Auf der Rückseite seines Entstehungsprozesses ist der TeXt immer schon da. Nur muss er noch ans Licht gebracht werden und seine spezifische Form finden.

Die Skepsis am Autor als alleiniger schöpferischer Instanz zieht seit Baudelaire, Mallarmé, Valéry und den Avantgarde-Bewegungen des 20. Jahrhunderts eine lange Spur durch die Literaturtheorie. »Das reine Werk«, so Mallarmé, »erfordert das sprachliche Verschwinden des Dichters.« Mallarmé will die Initiative den Wörtern überlassen, »die durch ihre Ungleichheit in Bewegung gesetzt werden«. Die literarische Moderne misstraut dem Bild des auktorialen Künstler-Genies und ist mehr an dem Werkprozess als an seinem Ergebnis interessiert. Der französische Philosoph Michel Foucault spricht Ende der 1960er Jahre von einer »Autor-Funktion«, in der unterschiedliche gesellschaftliche Diskursformen zusammenfließen. In seinem Essay *Was ist ein Autor?* führt er aus, dass die Frage nach dem Verfasser als Subjekt und individuellem Schöpfer den Blick auf ein komplexes Textverständnis verstelle. Vielmehr bilde jeder Text eine Art Gewebe, aus dessen Fäden sich neue und andere Diskurse spinnen lassen. Seinen Überlegungen stellt Foucault ein Zitat von Samuel Beckett voran, in dem dieser das Problem der Autorschaft gleich doppelt hinterfragt: »What matter who's speaking, someone said, what matter who's speaking?«

Betrachten wir folgende Szene: In einem Pariser Autobus der Linie S befindet sich ein junger Mann, der sich bei seinem Nachbarn darüber beschwert, dass dieser ihn jedes Mal anrempelt, wenn in dem Gedränge ein Fahrgast ein- oder aussteigt. Später steht derselbe Typ mit einem Freund am Bahnhof Gare St.-Lazare und erhält den Ratschlag, sich noch einen Knopf an den Mantel nähen zu lassen. *Exercises de style* (1947) nannte Raymond Queneau einen Band mit Geschichten, dem diese kurze Episode vorangestellt ist. Sie ist absichtlich so banal gewählt, damit sich alle Aufmerksamkeit auf die nun folgenden Variationen dieser Ausgangsstory richten kann. Es gibt keinen fortlaufenden Handlungsfaden, sondern eine Reihe von literarischen Etüden, die die Szene im Autobus immer aufs Neue umkreisen. Potenzielle Literatur nennt Queneau sein Konzept, und als blinder Passagier reist der Faktor X ständig mit.

Die Szene in dem Pariser Autobus wird 98 mal variiert, wobei jeder Version ein eigenes stilistisches Gestaltungsprinzip zugrunde liegt. Mal wird in der Gegenwart, mal in der Vergangenheit erzählt, mal ist es ein Traum, mal ein Spiel mit Dialekt, Phonetik oder Grammatik. So wird das kurze Prosastück in diverse Fachsprachen übersetzt, und wir lesen eine botanische, eine medizinische oder eine gastronomische Fassung. Auch Lesarten, die vulgäre und umgangssprachliche Paraphrasen beinhalten, fügen sich in den Kanon ein. Immer wird der Ausgangstext in eine Art Fremdsprache konvertiert, die den Leser in ein anderes Milieu entführt. Der Autobus der Linie S fährt von Station zu Station und erstellt so den Fahrplan der Worte. Die deutsche Version, kongenial nachgedichtet von Ludwig Harig und Eugen Helmlé, erschien 1961 unter dem Titel *Stilübungen*. Mittlerweile liegt eine neue Übersetzung von Frank Heibert und Hinrich Schmidt-Henkel vor, bei der die erste Übersetzung nicht nur sprachlich aktualisiert, sondern um einige bisher unveröffentlichte Textbausteine sowie eigene Stilübungen aus der Feder der Übersetzer erweitert wurde.

»Auch die Worte sind gemachte Gegenstände«, notierte Queneau, »man kann sie unabhängig von ihrer Bedeutung betrachten.« Queneau, der in den 1920er Jahren den Surrealisten angehört hatte, arbeitete seit 1938 als Lektor im Pariser Verlagshaus Gallimard und veröffentlichte 1959 seinen Erfolgsroman *Zazie dans le métro*. Daneben widmete er sich dem Konzept einer potenziellen Literatur. Zu der Künstler-Gruppe *Oulipo* – ein Akronym von *ouvroir de littérature potentielle* –, die er 1960 mit Francois Le Lionnais gegründet hatte, stießen schon bald Autoren wie Georges Perec, Jacques Roubaud oder Italo Calvino. Als einziges deutsches Mitglied der Gruppe *Oulipo* wurde später der Dichter Oskar Pastior aufgenommen. Die poetischen Techniken und

Verfahren, denen sich die Oulipisten verschrieben haben, stehen unter dem Signum der *ars combinatoria* sowie im Zeichen der Regelverschärfung – der sogenannten *contrainte* – und haben im Laufe der Jahre vielgestaltige Varianten von sprachspielerisch inspirierten Texten hervorgebracht.

In Raymond Queneaus Sonettbaukasten *Hunderttausend Milliarden Gedichte* (1961) wird das ludistische Programm auf eine kaum einholbare Spitze getrieben. Die Quellsonette finden sich jeweils auf einzelnen Buchseiten, die horizontal in 14 Lamellen zerschnitten sind. Auf diese Weise kann jeder Vers separat umgeschlagen und mit Versen von den Seiten davor oder danach kombiniert werden. Mithin ergeben sich sowohl x-beliebige als auch x-fache Lektüre-Möglichkeiten. Damit ist Queneau an die Grenze dessen gegangen, was das zweidimensionale Medium Buch typographisch darstellen kann. Was die Lesezeit betrifft, sprengt das Buch alle Grenzen. Um sämtliche Gedichtvarianten zu rezipieren, die dieser Baukasten versammelt, würde man nach Angaben des Autors 190 258 751 Jahre benötigen – selbstverständlich nur bei vierundzwanzigstündiger Lektüre täglich. **Vita brevis, ars longa / Lies Grab vor, vanitas**

Über den Zirkel seiner Mistreiter und Verehrer hinaus ist Queneau im literarischen Diskurs stets präsent geblieben. Er lebt aber nicht nur in seinem Werk fort. Die Gruppe *Oulipo*, die bis heute besteht, versammelt sich einmal im Monat in der Bibliothéque Nationale in Paris zu einer öffentlichen Lesung. Die verstorbenen Mitglieder gelten dabei als »entschuldigt«. Gerungen wird auch bei den zeitgenössischen Oulipisten um jeden Buchstaben. Da will sich niemand ein X für ein U vormachen lassen. Diese Redewendung geht auf das lateinische Alphabet zurück, in dem der Buchstabe U wie ein V geschrieben wurde. Das V steht zugleich für die römische Ziffer 5. Verlängert man nun die beiden Achsen, die den Buchstaben V bilden, nach unten, erhält man ein X. Das X steht in der römischen Zahlenreihe für die 10. Wer also jemandem ein X für ein U vormacht, der betrügt oder täuscht. Dieser Trick diente schon bei den Römern als beliebtes Verfahren, Schuldscheine zu manipulieren. Aber auch in der Welt der Wörter kann so ein Trick Verwirrung stiften. Dann wird aus *venia* (Gnade) *xenia* (Gastgeschenke).

Siehe **Unsinnspoesie** | **Lesen** | **Gedicht**

Y
SCHEIDEWEG

Das Leben ist ein Scheideweg, schreibt der Theologe und Pädagoge Johann Amos Comenius (1592–1670) in seinem *Orbis Pictus*, einem Lehr- und Bildungsbuch mit illustrierenden Holzschnitten, das besonders unter jugendlichen Lesern bis weit ins 19. Jahrhundert verbreitet war. Als Symbol für den Scheideweg führt Comenius den Buchstaben Ypsilon an und beruft sich in Pythagoras auf einen prominenten Kronzeugen. »Dieses Leben ist ein Weg; / Oder ein Scheideweg / Gleich dem Buchstaben des Pythagoras Y.« Nach einer verbreiteten Vorstellung hatte der vorsokratische Philosoph die Entscheidung zwischen Tugend und Laster als Erster mit der Gabelform des Buchstabens Y in Verbindung gebracht. Comenius teilt nun dem Weg zum linken Gabelende das Laster zu, dem Weg zum rechten die Tugend und ruft seinem jugendlichen Leser zu: »Verlass den zur Linken / hasse das Laster: es ist ein schöner Eingang / aber ein schändlicher Ausgang.« Am Ende winke dem Redlichen, der den rechten Weg gewählt hat, das »Schloss der Ehre«.

Auch ein Text aus einem der im 16. und 17. Jahrhundert beliebten Handbücher – der sogenannten *Emblemata* – greift das Motiv des Scheidewegs auf und appelliert an die Eigenverantwortung des Lesers, der selbst für seine Entscheidungen geradestehen soll. »Wer du auch seist, der du auf deinem Lebenswege eine Leuchte haben willst, wähle! Deinem Geiste steht alles frei. Lass ab, die verschlungene

Schuld dem Schicksal zuzuschreiben, sondern trage Freveltaten auf dein eigenes Konto ein.« Mit der Berufung auf Pythagoras und die klassische Episode von Herkules, der sich zwischen dem bequemen Weg der Sünde und dem steinigen Pfad der Moral entscheiden muss, hat der Buchstabe Ypsilon auf der Gründungsurkunde jener Wissenschaft, die auf den Namen Pädagogik hört, eine markante Spur hinterlassen. Der Erziehungswissenschaftler Johannes Bilstein hat diese Spur aufgenommen und in einem Radio-Essay für den SWR (23. Januar 2017) nachgezeichnet.

Die Parabel von Herkules am Scheideweg aus der griechischen Mythologie ist indessen in der Kunst, der Musik und der Literatur in allen folgenden Epochen lebendig geblieben und vielfach künstlerisch bearbeitet worden. Wir finden sie, um nur einige Beispiele zu nennen, in einem Kupferstich von Albrecht Dürer, in einer Kantate von Johann Sebastian Bach oder in einem Gedicht von Robert Frost. Immer ist die Gabelform des Zeichens für den Buchstaben Ypsilon Signum und Metapher für die Suche nach dem rechten Weg. Hier am Gabelpunkt muss die Entscheidung fallen. Einmal getroffen, ist sie nicht mehr verhandelbar. Ein Zurück gibt es nicht. Der Weg zum hohen Haus der Tugend ist eine Einbahnstraße. Wer sie einschlägt, wird belohnt. Denn die Moral will einen strahlenden Helden sehen. Und Herkules ist so einer.

Mit dem Gedicht *The Road Not Taken* (1916) von Robert Frost hat der antike Mythos das 20. Jahrhundert erreicht – aber nicht unbeschadet. Ein für die Moderne symptomatischer Betriebsunfall hat auch den althergebrachten Mythos ereilt. Wer an der lupenreinen Unterscheidung von Tugend und Laster schon immer seine Zweifel hatte, könnte lakonisch konstatieren: Der Mythos ist unter die Räder gekommen. Ein Wanderer steht an einer Weggabelung im Wald und zögert. »Two roads diverged in a yellow wood, / And sorry I could not travel both«, lauten die ersten beiden Zeilen des Gedichts. In dem Wörtchen »sorry« deutet sich die neue Sachlage bereits an. Hier spricht einer, für den sich die Alternativlosigkeit der Scheideweg-Situation nicht mehr fraglos stellt. Ein Bedauern drückt sich aus, dass der Wanderer nicht beide Wege nehmen kann, kein verzweifeltes Ringen um den rechten Weg. Für die Frage, welche Route man einschlägt, ist nicht mehr ein moralisches Gesetz ausschlaggebend, sondern der spontane Impuls einer Ermessens-Entscheidung. Der Wertekompass für ethisch richtiges Handeln in der Welt hat einer Situationsinterpretation Platz gemacht.

»Then took the other, as just as fair, / And having perhaps the better claim«, lauten die ersten beiden Zeilen der zweiten Strophe. Hier ist die Wahl für einen der beiden Wege bereits getroffen worden. Bei Paul Celan, der das Gedicht ins Deutsche übersetzt hat, klingt das so: »Und schlug den andern ein, nicht minder schön als jener, / und schritt damit auf dem vielleicht, der höher galt«. Im 20. Jahrhundert angekommen, hat der an Herkules geschulte Held seinen heroischen Gestus verloren. Aus dem Kampf um den rechten Weg ist eine Frage von Optionen geworden. Der moderne Herkules ist ein Artist des Möglichkeitssinns. Da tut sich mit der Wahl eines Wegs zugleich ein ganzes Register von verpassten Chancen auf, und im Fundament der Entscheidungen nagt die Beliebigkeit.   **Paradigm lost / stop a mad girl**

The Road Not Taken sollte zum meistzitierten lyrischen Text amerikanischer Sprache im 20. Jahrhundert werden. Der Erfolg dieses Gedichts, das im Vergleich mit der historischen Vorlage seine Verbindlichkeit als moralische Richtschnur verloren hat, liegt in dem Umstand, dass der Wanderer eine Entscheidung getroffen hat, von der er nicht weiß, ob sie die bessere war, aber – und das ist ausschlaggebend: er steht zu ihr. »I took the one less travelled by / and that has made all the difference.« Er hat den weniger frequentierten Weg beschritten und so den Unterschied markiert. Damit ist das zentrale Motiv benannt, das mitten in den Wesenskern des amerikanischen Selbstverständnisses führt: der Mut zur Entscheidung. Auf dieser Spur ist der Mythos im 20. Jahrhundert angekommen.

Und der Mythos lebt weiter. Im Jahre 2009 schaltete der Autohersteller *Ford* in Neuseeland einen Werbespot, der Frosts Gedicht die Bildstory eines jugendlichen Wanderers unterlegt, der an eine einsame Weggabelung gelangt und eine Entscheidung fällen muss. Der junge Mann schlägt eine der beiden Richtungen ein und schreitet zügig und entschlossen voran. In der Schlusssequenz des Spots sitzt der Wanderer von einst in seinem komfortablen Automobil und gabelt einen jungen Tramper auf, der wie er selbst damals *on the road* unterwegs ist. Jetzt weiß der Zuschauer, dass ein Wanderer, der zielstrebig und ohne zu zaudern die Mühe des Wegs auf sich nimmt, schließlich belohnt wird. Die beste Option, diesen Erfolg zu krönen, ist für alle weiteren Wegstrecken im Leben ein Auto der Marke *Ford*.

Übrigens, auch der Name *Hercules* ist in der Geschichte der Fahrzeughersteller gut verzeichnet. *Hercules* war zunächst eine deutsche LKW-, später eine erfolgreiche Mopedmarke. Beide haben das postheroische 20. Jahrhundert nicht überlebt. Auch der Buchstabe Ypsilon hat sich in der mobilen Welt behauptet. Den zweitletzten Buchstaben des Alphabets trägt ein Modelltyp des Autobauers *Lancia*. Aber auch das ist bereits Vergangenheit. Im Jahre 2014 teilte der Mutter-Konzern *Fiat* mit, dass die Traditionsmarke *Lancia* eingestellt wird.

Siehe **Vogel V** | **Gedicht**

ZUNGE

Wieder und wieder beugt sich der Junge über die Schriftzeichen, die auf einem langen Tisch vor ihm angeordnet sind. Mit verbundenen Augen folgt er den Weisungen des Rabbiners und fährt mit der Zungenspitze langsam über die Oberfläche der Lettern. Auf dem Tisch liegen in Honig getränkt die Buchstaben des hebräischen Alphabets. Der Novize nimmt mit tastender Zunge und stockendem Atem ihre süße Spur auf und kostet den Geschmack jener Zeichen, in denen das Gedächtnis der Welt bewahrt ist. Aleph, Beth, Gimel. Dieses Ritual bildete die Einübung in das hebräische Alphabet. In der *Allgemeinen Zeitung des Judenthums* vom 22. Mai 1848 heißt es in einem Artikel über das jüdische Schulwesen, dass den Knaben »das hebräische Alphabet, vorwärts und rückwärts, vorgesagt und vorgezeigt« wurde, und »die mit Honig bestrichenen Buchstaben abgeleckt« wurden. Auch der Schriftsteller Ludwig Börne berichtet von dieser Initiations-Zeremonie, mit der er als Angehöriger des Frankfurter Ghettos zu Beginn des 19. Jahrhunderts über die Geschmacksnerven seiner Zunge in die Geheimnisse der Buchstaben und der Schrift eingeführt wurde. Später wusste er als streitbarer Journalist und Schriftsteller des Vormärz die spitzen Invektiven, die er gegen die Obrigkeit auf der Zunge führte, so geschickt zu verpacken, dass sie nicht gleich von den Zensurbehörden kassiert wurden. Gleichzeitig durften seine Texte ihre subversive Fracht nur so weit tarnen, dass die Botschaft vom Lese-Publikum noch verstanden wurde. Börne war wie sein Kontrahent Heinrich Heine ein Virtuose des Subtexts und ein Meister der literarischen Camouflage.

Die deutsche Revolution von 1848/49, für die Börne publizistisch so leidenschaftlich gekämpft hatte, scheiterte bekanntlich. In Texas, dem zweitgrößten amerikanischen Bundesstaat, setzten indes europamüde Alt-48er, die Deutschland enttäuscht den Rücken gekehrt hatten, ihrem Idol ein Denkmal. Am Anfang war Boerne nur eine unbedeutende Siedlung im Hill Country zwischen San Antonio und Austin. Heute ist der von deutschen Auswanderern gegründete Weiler eine aufgeräumte, prosperierende Kleinstadt im Osten von Texas. Den Namenspatron kennt hier fast niemand mehr. Allenfalls im Stadtarchiv stößt man noch auf einige deutsche Spuren. So gab es bis Mitte des 20. Jahrhunderts einen *Boerne Gesangverein* sowie einen *Boerne Schützenverein*. Am Eingang der *Boerne Library*, einem schmucken Gebäude, das von ausreichend Parkplätzen und einer Phalanx schmaler Blumenbeete umgeben ist, wird man unmissverständlich in die Gegenwart zurückgeholt. »No handguns permitted« steht dort auf einem Schild, das gut sichtbar auf Augenhöhe angebracht ist. Ludwig Börne kämpfte zeitlebens mit Zunge und Feder. In Texas, dem Stammland des Wilden Westens, herrschen offenbar auch heute noch andere Maßstäbe. Sucht man im Bestand der Bibliothek nach Titeln des Namensgebers, wird man enttäuscht. Immerhin findet sich im Büro des Bibliotheksdirektors eine deutsche Ausgabe von Börnes Gesammelten Werken. In seiner deutschen Heimat ist Börne derweil prominenter vertreten. In der Frankfurter Paulskirche wird jährlich der Ludwig-Börne-Preis für »hervorragende Leistungen in den Bereichen Reportage, Essay und Kritik«

verliehen. Von einem Schild, das im Eingangsbereich die Verkehrsformen der Teilnehmer regelt, ist nichts bekannt.

Szenenwechsel: Vater, Mutter, Sohn und Tochter sitzen schweigend am Esstisch. Von den Tellern steigt der einladende Geruch einer klaren Suppe auf, in der lustige Nudel-Buchstaben schwimmen. Plötzlich fährt der kleine Sohn mit seinem Löffel energisch durch den Teller, wendet den Inhalt des Löffels mehrmals im Mund umher und streckt seiner Schwester die Zunge heraus. KUH steht da in hellen Nudel-Lettern auf dem rosigen Untergrund der Kinderzunge. Die Schwester zögert nicht lange, lässt die Zunge ihrerseits umherwandern und kontert mit dem Wort DEPP. Doch der Bruder ist nicht auf den Mund gefallen und legt eine ZICKE auf. Das Wort IDIOT kann er gerade noch auf der Zunge seiner Schwester lesen, als der Vater mit einem lauten Schlag auf den Tisch den Nudelkrieg beendet. Energisch lässt er seine Zunge aus dem Mund schnellen und zeigt mit gebieterischer Miene eine Buchstabenfolge, auf die seine Familie nicht gefasst war. HURE steht da in unmissverständlicher Nudelsuppen-Diktion.

Die Tochter schaut ungläubig an ihm hoch, die Mutter wendet sich irritiert ab, bis der Vater seinen Irrtum bemerkt, die Buchstaben noch einmal im Mund hin und her wälzt, die Zunge abermals herausstreckt und das anagrammatisch gewendete Wort RUHE erscheint. Offenbar hat sich bei diesem Werbespot der Firma *Maggi* aus dem Jahre 2008 jemand an den Einsatz literarischer Techniken bei einer Produktwerbung besonnen, die bereits in den Anfangsjahren der Lebensmittelfirma erfolgreich erprobt wurden. Der Schriftsteller Frank Wedekind hatte Ende des 19. Jahrhunderts dem Suppenhersteller *Maggi* zwar nicht mit Anagrammen, wohl aber mit gereimten Slogans zu Diensten gestanden: »Alles Wohl beruht auf Paarung; / Wie dem

Leben Poesie / Fehle Maggi's Suppen-Nahrung / Maggi's Speise-Würze nie!«

Die Liaison von Gedicht und Gericht, von Sprache und Speise, von Lettern und Lebensmitteln ist innerhalb und außerhalb der Literatur produktiv geworden, handle es sich nun um Buchstabensuppe, Russisches Brot oder Lettern aus Fruchtgummi oder Zuckerguss. Immer geht es darum, das Wort auf die Zunge zu legen – und das buchstäblich. Nicht nur der Schriftsteller Ludwig Börne, auch der irische Mönch, Missionar und Dichter Columban von Iona, der im sechsten nachchristlichen Jahrhundert lebte, wurde der Legende zufolge in die Kunst des Lesens durch den Verzehr von alphabetischem Gebäck eingeführt. Columban ist in der Kirchengeschichte mit der zweifelhaften Episode verzeichnet, dass er durch die unautorisierte Abschrift eines Evangelien-Textes einen »Bücherkrieg« ausgelöst habe, der zahlreiche Todesopfer gefordert hat. Die Kirchensynode verlangte seine Exkommunikation, doch die Strafe wurde umgewandelt. Im schottischen Exil musste er hinfort so viele Seelen für die Christenheit neu hinzugewinnen, wie die Schlacht um die heimlich abgeschriebenen Buchstaben gefordert hatte. Ob er bei seiner missionarischen Tätigkeit der Gnade des Zungenredens teilhaftig wurde, wie sie in der *Apostelgeschichte* im Kontext der Pfingstereignisse überliefert ist, teilt die Legende nicht mit. »Und es erschienen ihnen Zungen wie von Feuer, die sich verteilten; auf jeden von ihnen ließ sich eine nieder. Alle wurden mit dem Heiligen Geist erfüllt und begannen, in fremden Sprachen zu reden, wie es der Geist ihnen eingab.« (2, 3-4)

Die Zunge steht in der *Apostelgeschichte* symbolisch für den christlichen Missionsgedanken und wird zum Zeichen der Pfingstbotschaft. Für die Artikulation der meisten Buchstabenlaute ist die Zunge indes als eines der beweglichsten

Organe, die die Lautbildung steuern, ein höchst reales Werkzeug. Von der Bedeutung dieses Organs für die Sprache und das Sprechen zeugen schon die vielfältigen Belege, in denen *glossa* – das griechische Wort für Zunge – oder das lateinische Pendant *lingua* auftauchen: Glosse, Glossar, Glossolalie; Linguistik, Lingua franca, Linguallaut. **Die Zunge webt der Faune List / winzig federte blaue Stunde**

Im Mittelalter galt die Zunge als das zentrale Organ, das die Sprache und die Lautbildung trägt. Deswegen bestrafte man Vergehen des Meineids, der Majestätsbeleidigung oder der Gotteslästerung mit so drakonischen Maßnahmen wie dem Herausreißen oder Abschneiden der Zunge. Wie gefährlich die Zunge dem Machtapparat einer autoritären Obrigkeit werden kann, dafür kann auch das vergangene 20. Jahrhundert mit seinen totalitären Herrschaftsformen ein Exempel abgegeben. Sprechverbote waren da noch die geringfügigste Maßnahme gegen jede Form von Dissidenz.

Einen kleinen Sieg kann die Zunge trotzdem verbuchen. Als am 10. Mai 1933 in Berlin und vielen anderen Städten Deutschlands die Bücher brannten, wurden die Buchstaben als gedruckte Schriftzeichen ausgelöscht, aber als Laute, im gesprochenen Wort, in der mündlichen Überlieferung haben sie überlebt. Bücher können dem Lektüreprozess gewaltsam entzogen und bis zu einem Ascherest verbrannt werden, doch ein Vermächtnis, das auf Narration, auf *oral history* beruht, kann durch Feuer nicht zum Schweigen gebracht werden. Als das bedruckte Papier brannte, schlug die Stunde des gesprochenen Worts, das in der Erinnerung fortlebte und wach blieb. Manche Stimme der verfemten Dichterinnen und Dichter hat sich so erst recht ins Gedächtnis eingebrannt.

Siehe **Typographie** | **Code** | **Stimme**

BONUSTRACK FÜR GEORGE BERNARD SHAW

Im März 1957 fand in London eine ungewöhnliche Gerichtsverhandlung statt. Sieben renommierte Anwälte und der Richter Harman vom *High Court of Justice* diskutierten eine Woche lang über Buchstaben. Nicht der Buchstabe des Gesetzes stand im Mittelpunkt der juristischen Interventionen, sondern die Zahl der Buchstaben des Alphabets. Um es vorwegzunehmen: Eine gütliche Einigung im Namen der Zeichen fand nicht statt. Hintergrund der juristischen Auseinandersetzung war ein Testament, in dem der Erblasser gerichtlich darüber befinden lassen wollte, ob es im öffentlichen Interesse liege, das englische Alphabet um mindestens 14 Buchstaben zu erweitern. Zur Finanzierung wissenschaftlicher Studien mit dem Ziel, diese Unternehmung zu befördern, sollte ein großer Teil des hinterlassenen Millionenvermögens aufgewendet werden. Bei dem Verstorbenen, der seiner Nachwelt dieses veritable Kuckucksei ins Nest der Zeichensysteme gelegt hatte, handelte es sich um den irischen Dramatiker und Nobelpreisträger George Bernard Shaw. Bekanntlich war diese Testamentsverfügung nicht die einzige Provokation, die der streitbare Theatermann in die Welt gesetzt hat.

So befremdlich es scheinen mag, ein Gericht darüber entscheiden zu lassen, ob ein seit Jahrhunderten eingeführtes Zeichensystem erweitert werden soll, die Frage nach der hinreichenden Zahl der Buchstaben in unseren Alphabeten hat einen seriösen Kern. Hintergrund ist das komplexe Verhältnis von Buchstabe und Laut, Graphem und Phonem. Im Deutschen stellt sich das Problem vergleichsweise moderat, da die Entsprechung von Laut und Letter ausgeglichener ist als im Englischen, und zudem neben den 26 Buchstaben des Alphabets die Umlaute ä, ö und ü zur Verfügung stehen.

Um die angelsächsische Misere anschaulich zu machen, ist das Kunstwort »ghoti« in die Welt gekommen. Als Urheber darf man getrost den umtriebigen Alphabetsreformer George Bernard Shaw vermuten. Shaw hat das Wort »ghoti« ersonnen, um die mangelnde Entsprechung von Phonemen und Graphemen in seiner Muttersprache zu illustrieren. Ausgesprochen wird das Wort »ghoti« nämlich »fish«. Und das geht so: Die Aussprache von gh folgt dem englischen »laugh« oder »rough« und klingt wie ein f. Das o folgt den Ausspracheregeln für das englische Wort »women« und wird wie ein i ausgesprochen, der Laut für ti orientiert sich an den Worten »nation« oder »martial« und entspricht klanglich dem sh. So wird das Graphem »ghoti« zu dem Phonem »fish«. Man kann das fiktive Wort »ghoti« aber auch vollends zum Schweigen bringen. Dann bleibt das gh stumm wie in »night«, ebenso das o wie in »people«, das t wie »ballet« und das i wie in »business«. Und schon ist »ghoti« auf der Lautebene komplett verschwunden. Abracadabra, schallt es aus dem Grab von GBS.

Will man es jetzt noch als einen Zufall betrachten, dass das Verb »to spell« im Englischen »buchstabieren« heißt, das gleichnamige Substantiv aber »Zauberspruch«? Ob so viel letternbasierter Taschenspielertricks mag Richter Harman einigermaßen entnervt unter seiner wallenden Lockenperücke hervorgeschaut haben. »Und wer erscheint für das arme Alphabet?«, fragte er in den Saal, um ein Plädoyer für den etablierten Kanon der englischen Schriftzeichen einzufordern. »The Attorney-General«, schallte es ihm entgegen. »Also A. G. für ABC«, resümierte der Richter launig.

Am sechsten Verhandlungstag waren alle Beteiligten »mit ihrem Latein am Ende«, wie das Nachrichtenmagazin DER SPIEGEL in seiner Reportage aus dem Gerichtssaal festhielt. Also bat der Richter um eine mehrwöchige Denkpause. Als das Gericht wieder zusammentrat, verkündete er ein Urteil, das dem letzten Willen Shaws nicht stattgeben mochte. Die über den Tod hinaus betriebene Reform des Alphabets blieb somit eine private Obsession ihres Initiators. Shaw, so Richter Harman anerkennend, sei ein halbes Jahrhundert lang »eine Art von Juckpulver« für die englische Öffentlichkeit gewesen und habe das Land an »seine Torheiten, Schwächen und Illusionen« erinnert. Sein Testament aber sei juristisch nicht umsetzbar. So schwimmt der »fish« namens »ghoti« immer noch munter im angelsächsischen Buchstabenmeer. Auch wenn man ihn nicht sieht.

1958, ein Jahr nach dem Richterspruch, wurde in England ein Wettbewerb für ein neues Alphabet ausgerufen, um die mangelnde Konkordanz von Zeichen und Lauten erneut auf die Agenda zu setzen. Gewinner war Ronald Kingsley Read. Der Mann, der die Affinität zu den Buchstaben bereits in seinem Nachnamen trug, hatte sich gegen 467 Bewerber durchgesetzt. Das etablierte englische Alphabet konnte dieser Wettbewerb indes so wenig aus dem Lot bringen wie kurz zuvor das Testament des Nobelpreisträgers.

Als internationaler Standard hat das um 14 Buchstaben erweiterte Shaw-Alphabet jedoch überlebt. Im Jahre 2003 wurde es in das Register *Unicode* aufgenommen, in dem für alle Schriftzeichen ein digitaler Code festgelegt wird. Man darf es wohl als Ironie des Schicksals bezeichnen, dass Graphem und Phonem, um die es Shaw so angelegentlich zu tun war, schon beim Eigennamen »Unicode« nicht kompatibel sind. Die Ausspracheregeln für das Wort »Unicode« lauten im amerikanischen Englisch [ˈjuːnikoʊd], im britischen Englisch [ˈjuːnikəʊd] und im Deutschen [ˈuːnikoːt]. Ein Königreich für mehr Juckpulver [ˈjʊkˌpʊlvɐ]!

Das Unbehagen über die unzureichende Repräsentanz der verschiedenen Laute und Klänge durch die Buchstaben des Alphabets trieb auch die Avantgardisten um. »Schrift muss optophonetisch sein«, forderte 1927 der Merz-Künstler, Dichter, Typograph und Impulsgeber der konkreten Poesie Kurt Schwitters in seinem Aufsatz *Anregungen zur Erlangung einer Systemschrift*. Diese Schrift sollte gewährleisten, dass »das ganze Bild der Schrift dem ganzen Klang der Sprache entspricht, und nicht, dass hier und da einmal ein Buchstabe mehr oder weniger dem durch ihn dargestellten Laut entspräche, wenn er einzeln aus dem Klang herausgenommen werden würde.« Was die 26 Buchstaben des Alphabets an lautlicher Differenzierung vermissen lassen, so Schwitters, könne die Typographie ausgleichen. Deshalb entwickelte er in seiner Systemschrift eine Methode, wie zwei zusammengespannte Konsonanten – etwa ts oder ks – typographisch so gesetzt werden können, dass man sie von den lautlich identischen Zeichen z oder x absetzen kann. »Nach meinem System wird der erste Buchstabe üblich gezeichnet, der zweite schräg nach rechts oben darüber, so dass die senkrechten Striche zusammenfallen.« Schwitters' Entwurf für eine Systemschrift blieb ein ambitioniertes Projekt, an dessen Umsetzbarkeit er später selbst zweifelte. Aber da hatte er schon längst als Vortragskünstler seiner *Ursonate* kraft der eigenen Stimme ein hoch differenziertes Lautregister entwickelt, das an Klangfarben, Modulationen und phonetischen Abschattungen seinesgleichen suchte   **Anna Blume / Bluna Amen**

Siehe **Typographie** | **Note** | **Stimme**

ÄTHER

Der französische Schriftsteller und Pilot Antoine de Saint-Exupéry wollte mit seinem Flugzeug ins Vorzimmer Gottes fliegen und ist abgestürzt. Heute würde er vermutlich seinem kleinen Prinzen die Frage in den Mund legen: Wie viel Raum im Äther wohl das Internet einnimmt? Das Internet sei unser neuer Gott, behauptet der österreichische Schriftsteller Franzobel, und er fragt: »Ist es nicht eine beunruhigende Vorstellung, sich all die Informationen in die Wolken über uns zu denken? Da kann uns dann wirklich der Himmel auf den Kopf fallen.« »Davor habe ich keine Angst«, würde ihm der kleine Prinz wohl erwidern. »Ich finde es viel schlimmer, dass jetzt für unsere Datencloud gilt, was uns der Himmel immer versprochen hat: das ewige Leben.«

Der Äther ist in der griechischen Mythologie jener Ort im Himmel, an dem das Licht und die Götter ihren Sitz haben, ein Ort, an den die Seele zurückkehrt, wenn der Leib der Erde anheimfällt. Seit Heinrich Hertz 1886 die Existenz elektromagnetischer Radiowellen nachweisen konnte, ist der Äther von neuen Göttern besiedelt und zu einem technisch aufgerüsteten Raum geworden. Für den Übertragungsmodus der Wellen durch den Äther wurde schon bald das Wort »Funk« verwendet, in dem jener Funke noch nachglüht, der einst den Göttersitz mit Licht erfüllte.

Das Wort »Himmel« bezeichnet indessen kein fest umrissenes Gebilde, sondern eine Perspektive, die sich dem

Betrachter bietet, wenn er jene Erscheinung ins Visier nimmt, die sich wie ein Gewölbe oder wie ein Zelt über ihm dehnt. Der Himmel ist immer oben. Bei dem Begriff Himmel handelt es sich um ein Singularwort. Es kommt nur in der Einzahl vor – wie die Worte »Hunger«, »Durst«, »All«, »Nichts« oder »Dunkelheit«. Einen Plural von Himmel gibt es nur in einer poetisch oder religiös inspirierten Sprache – etwa in dem Adventslied *Oh Heiland, reiß die Himmel auf.* Was aber macht den Himmel so singulär, dass unsere Alltagssprache für ihn keine Pluralform vorgesehen hat? Offenbar duldet die christlich-abendländische Weltsicht für das Wort »Himmel« keine fremden Götter. Der metaphysische Raum, der sich über uns spannt, ist ein monotheistischer Raum. Vielleicht kann es ihn deshalb nur im Singular geben.

Um die Dimensionen des Himmels zu erahnen, hat das Raumfahrt-Zeitalter ein hübsches Gedankenexperiment angestellt: Selbst wenn Jesus bei seiner Himmelfahrt mit Lichtgeschwindigkeit aufgestiegen wäre, würde er noch 718 000 Jahre brauchen, um bis zum Andromedanebel zu kommen. Zuhause – im Himmel – ist er vermutlich noch lange nicht. Aber wo fängt der Himmel an, und wo hört er auf? Gibt es überhaupt eine räumliche Grenze? In der Bibel, im 6. Timotheus-Brief, heißt es in der Übersetzung von Martin Luther: »der da wohnt in einem Licht, da niemand zukommen kann, welchen kein Mensch gesehen hat noch sehen kann ...« Hier erscheint der Himmel, soweit es sich um die Wohnstatt Gottes handelt, als lichtdurchfluteter Astralraum, der für den Menschen generell unzugänglich ist. An die Himmelspforte anzuklopfen, lässt er sich indes nicht nehmen. Der erste Mensch im Weltall war der Russe Juri Gagarin. An Bord der Raumkapsel Wostok 1 umrundete er in 300 Kilometer Höhe ein Mal die Erde. Sein Flug dauerte 108 Minuten. Von dem 27 Jahre alten Weltraum-Pionier, der ehrfürchtig die Schuhe auszog, als er das Raumschiff betrat, ist der Satz überliefert: »Ich bin in den Weltraum geflogen, aber Gott habe ich dort nicht gesehen.«

Die deutsche Sprache macht es uns schwer, zu differenzieren, wovon genau wir sprechen, wenn wir das Wort »Himmel« im Munde führen. Auf der Begriffsebene können wir keinen Unterschied zwischen dem Himmel als naturwissenschaftlichem Phänomen und dem Himmel als religiös besetztem Raum markieren. Der Dichter Stéphane Mallarmé sprach, weil er den Himmel nicht metaphysisch aufladen wollte, von *l'azur* anstatt von *le ciel*. Im Englischen gibt es immerhin die Unterscheidung zwischen *sky* für den physikalischen Raum und *heaven* für das spirituelle Universum. Im Altägyptischen soll es sogar drei Dutzend Bezeichnungen für den Himmel gegeben haben. In der deutschen Sprache sind es eher die Synonyme, die für verschiedene Eigenschaften und Funktionen des Himmels stehen: das All, der Kosmos, das Firmament, der Äther, das Universum, das Jenseits oder das Paradies. Ob wir indes den Himmel kosmologisch, meteorologisch, metaphysisch, astronomisch oder aviatisch vermessen, ob wir ihn wissenschaftlich oder poetisch zu beschreiben versuchen, es bleibt immer ein Rest. Und so ist der Himmel vor allem ein riesiger Projektionsraum, dessen schier nicht auszulotenden Dimensionen es nahelegen, dass wir diesen Raum multifunktional besetzen. Aber auch dann geht die Rechnung nie glatt auf. Es bleibt immer etwas Unauflösbares – eben jener Rest.

Unendlichkeit / ein Ich dunkelt

»Zwei Dinge«, sagt Kant im 34. Kapitel seiner *Kritik der praktischen Vernunft*, »erfüllen das Gemüt mit immer neuer und zunehmender Bewunderung und Ehrfurcht, je öfter und anhaltender sich das Nachdenken damit beschäftigt: Der bestirnte Himmel über mir, und das moralische Gesetz in mir.« In der Anschauung des Philosophen werden der hohe Himmel mit seinen Gestirnen und das im Menschen wirksame

Sittengesetz auf Erden miteinander verknüpft. Das ethisch handelnde Individuum sieht sich in Einklang mit den nicht verhandelbaren Gesetzen der Natur.

Der bestirnte Himmel hat indes schon in den Gründungsurkunden der antiken Philosophie eine prominente Rolle eingenommen. So beschäftigte sich auch der vorsokratische Naturphilosoph Thales von Milet mit dem Studium der vielfältigen Himmelserscheinungen. Dabei sei er einmal, wie Platon berichtet, so vertieft gewesen in die Beobachtung der Himmelskörper, dass er, den Blick strikt nach oben gerichtet, einen Brunnen vor seinen Füßen übersehen habe und hineingestürzt sei. Dieses Spektakel habe eine thrakische Magd beobachtet und sei, weil der gelehrte Mann »zwar die Dinge am Himmel zu erkennen begehre, ihm aber, was vor den Füßen liege, entgehe«, in schallendes Gelächter ausgebrochen. Bis heute gilt diese Anekdote als Urszene der Philosophiegeschichte des Lachens. Es wäre nicht das Schlechteste, wenn man vom Himmel sagen könnte, dass er das Lachen auf die Erde gebracht habe.

Gut zweieinhalb Jahrtausende nach Thales' Sturz skizzierte der Elektrotechniker und Programmierer Robert M. Metcalfe in einem Positionspapier für seine Vorgesetzten im *Xerox Palo Alto Research Center* (PARC) ein völlig neues Kommunikationsmittel, das er Ethernet nannte. »Ether« ist der englische Name für Äther. Heute hat sich die Bezeichnung »Internet« durchgesetzt. Damit trägt das Netz in seinem Namen keine Spuren jener Herkunft mehr, die die Bezeichnung »Ethernet« noch bei sich führte. Also sind im Begriffskonzept Äther Kapazitäten frei geworden, die wieder mythologisch besetzt werden können. Das schafft neuen Raum für Götter, Licht und Seelen.

Siehe **Öffentlichkeit** | **Medium** | **Stimme**

ÖFFENTLICHKEIT

Das Prinzip Öffentlichkeit, das in den antiken Demokratien auf der Agora oder dem Forum beheimatet war und sich mit Begriffen wie *polis* und *res publica* verband, erlebte mit den bürgerlichen Freiheiten des 18. und 19. Jahrhunderts in den Theatern, Museen, Bibliotheken, Universitäten, Salons, Kaffeehäusern, Vereinen und Parlamenten der europäischen Großstädte eine neue Blüte. In diesen Institutionen des öffentlichen Lebens mit ihren Bühnen, Ausstellungs-, Vortrags-, Hör- und Lesesälen, mit ihrer Debattenkultur, den literarischen und philosophischen Zirkeln sowie den Ritualen der politischen Entscheidungsfindung bis hinunter in die kommunalen Instanzen hat sich ein Typus von Öffentlichkeit etabliert, der seit Anfang des 20. Jahrhunderts auf eine neue Wirklichkeit trifft. Es ist das Zeitalter der Massenmedien. Dreimal am Tag erschienen um 1910 die großen europäischen Zeitungen, in den frühen 1920er Jahren nahm das Radio seinen regelmäßigen Sendebetrieb auf und seit den 1950er Jahren trat das Fernsehen an, sich als Leitmedium durchzusetzen.

Der Nachweis elektromagnetischer Wellen durch Heinrich Hertz und die Erfindung der telegraphischen Nachrichtenübermittlung durch Guglielmo Marconi haben am Ende des 19. Jahrhunderts die technischen Voraussetzungen für die neuen Kommunikationswege geschaffen. Mit der Entwicklung der Elektronenröhre und der darauf aufbauenden Sende- und Empfangstechnologien gelang es, die Übermittlung von Ton- und später auch Bildsignalen flächendeckend herzustellen. Im Jahre 1921 prägte der Hochfrequenztechniker Hans Bredow den Begriff »Rundfunk«. Im selben Jahr wurde er zum Staatssekretär für das Telegrafen-, Fernsprech- und Funkwesen ernannt und begann mit der Organisation eines öffentlichen Sendebetriebs, der 1923 sein Programm aufnahm. Das war die Geburtsstunde des Radios.

Das Prinzip des Radios als drahtlose Übermittlungstechnik wurde – das wissen wir von dem Medientheoretiker Friedrich Kittler – in den Schützengräben des Ersten Weltkriegs erfunden und war ursprünglich durchaus im Sinne seines militärischen Auftrags auf Horchen und Gehorchen gerichtet. In den Anfängen haben militärische Interessen den Aufbau des Funkverkehrs dominiert. Das offensive Aufrüstungsprogramm der deutschen Marine am Vorabend des Ersten Weltkriegs mit Funkstationen auf Kriegsschiffen und in den Leitstellen der Obersten Heeresleitung bildete den ersten großen Testlauf für die Alltagstauglichkeit der neuen Technologie.

Durch die Entwicklung der Röhrentechnik gelang es im Jahre 1917 erstmals, auch Konzerte in die Schützengräben zu übertragen. Darauf baute nach dem Krieg die nicht-militärische Nutzung des neuen Mediums auf, und der Rundfunk konnte seinen Siegeszug als Prototyp einer Epochenerfahrung antreten, die sich mit dem Begriff der Simultaneität – der Gleichzeitigkeit eines Ereignisses und seiner medialen Verbreitung – gut beschreiben lässt. Ab dem 29. Oktober 1923 strahlte der Sender *Radio-Stunde AG* vom Vox-Haus in Berlin erstmals ein regelmäßiges Programm aus. In der Weimarer Republik hat sich das junge Medium zivilgesellschaftlich geläutert, und aus Gehorchen wurde Hören. **Diskursiver Salon / Servus Risikoland**

Im Schatten der offiziellen Rundfunkpolitik bildeten sich derweil Vereine von Funkamateuren und Bastlern sowie sogenannte Arbeiter-Radio-Clubs, die das neue Medium nicht einem exklusiven Kreis von Programmgestaltern und Gerätebesitzern überlassen, sondern zur politischen und kulturellen Bildung breiter Bevölkerungsschichten einsetzen wollten. Mit der Entwicklung des Volksempfängers, den Joseph Goebbels bereits wenige Monate nach der »Machtergreifung« 1933 vorstellte, war dem Rundfunk der direkte Weg in die Wohnstuben vorgespurt, doch mit dem Pluralismus der Gründerjahre war es bald vorbei. Das Radio diente von nun an vor allem als Propagandawaffe im gleichgeschalteten Rundfunkprogramm des »Dritten Reichs«, und aus Hören wurde wieder Gehorchen.

Bereits Ende der 1920er Jahre hatte Bertolt Brecht eingeklagt, dass aus dem »Distributionsapparat«, den das Radio darstellt, ein wirklicher »Kommunikationsapparat des öffentlichen Lebens« werden müsse, ein Medium, das »nicht nur auszusenden, sondern auch zu empfangen« verstehe, »also den Zuhörer nicht nur hören, sondern auch sprechen zu machen und ihn nicht zu isolieren, sondern ihn auch in Beziehung zu setzen.« Mittlerweile kann man sagen, dass auf der Einbahnstraße, die Brecht diagnostiziert hatte, nun auch Gegenverkehr herrscht. Mit dem Internet ist ein neues Medium auf den Plan getreten, das die technischen Voraussetzungen bereitstellt, das Zeitalter der medialen Einbahnstraße zu überwinden. Wenn da nur am Himmel nicht dieses runde, mondartige Gestirn hinge.

Truman Burbank ist permanent auf Sendung, aber er weiß es nicht. Er ist der Hauptdarsteller einer weltweit übertragenen Fernsehshow, deren Inhalt sein Leben ist. In seiner Person sind *life* und *live* identisch geworden. Für Millionen von Zuschauern ist Trumans Leben ein Spiel, für ihn selbst ist es Ernst. Die Show läuft 24 Stunden am Tag und wird über den ganzen Globus ausgestrahlt. 5 000 Kameras sind in Trumans Umgebung montiert und senden ununterbrochen sein Bild. Jede seiner Regungen kann in Echtzeit rund um den Erdball empfangen werden. Alle Menschen kennen Truman, aber Truman kennt nur seine künstliche Welt, die er für die Wirklichkeit hält. Weil er an der Inszenierung seines Lebens nicht aktiv beteiligt ist, wirkt Truman umso authentischer. Für den Film *The Truman Show* (1998) ist das eine geniale Ausgangsposition.

Am Himmel über der Kulissenstadt, in der Truman lebt, hängt ein rundes mondartiges Gestirn, in dem Christof herrscht. In der extraterrestrischen Sendezentrale seines mächtigen Medienimperiums laufen alle Bilder ein, die die Überwachungskameras aus Trumans Umgebung übermitteln. Aus diesen Bildern wird auf Hunderten von Monitoren Trumans Leben medial synthetisiert und für das Publikum aufbereitet. Christof ist der Mogul am Mischpult, Truman ist sein Geschöpf. Das Szenario, das Hollywood in *The Truman Show* im Zeichen der Weltkommunikationsgesellschaft entwirft, ist so alt wie das Nachdenken über Himmel und Erde, Gott und die Welt, Sinn und Sein. Die Erde als Illusionstheater, die Welt als Spiel und Spektakel, der himmlische Herrscher als heimlicher Lenker und der Mensch als Rädchen eines Programms, das ihm sein Dasein nur vorgaukelt. Neu an *The Truman Show* ist die Zuspitzung dieses Motivkomplexes auf das Leben in einer von Überwachungskameras dominierten Medienöffentlichkeit.

Siehe **Äther** | **Note** | **Medium**

ÜBERSETZUNG

Im 2. Buch Samuel, Kapitel 21, Vers 6 ist die Rede von sieben Männern, die König David den Gibeonitern ausliefern soll. Der König verspricht, die Männer zu überstellen, damit sie ihrer Strafe zugeführt werden können. Was soll nun mit ihnen geschehen? In der Luther-Bibel von 1545 heißt es »auffhengen«. Die Bibelausgaben von 1912 und 1984 folgen Luthers Übersetzung. Die Fachkommission für die Neuausgabe zum 500. Jahrestag von Luthers Thesenanschlag hat für diese Stelle die Übersetzung »die Glieder brechen« vorgeschlagen. Der Lenkungsausschuss bevorzugte indessen das neutralere Wort »hinrichten«. Und so werden die sieben Männer in der Neuausgabe der Bibel hingerichtet. Für die Delinquenten ist das egal. Ihre Strafe führt in jedem Fall zum Tod.

Für die Sprache aber ist es nicht gleichgültig. Worte bestehen aus einer Kombination von Zeichen, die oft über Jahrhunderte konstant bleibt, als lebendige Chronisten und Zeugen ihrer Zeit aber unterliegen die Worte Bedeutungsverschiebungen und können mitunter ihren Sinn signifikant verändern. Die Formulierung »die Glieder brechen« mag die korrekte wörtliche Übersetzung aus dem Hebräischen sein. Luther aber, dessen neue Bibelübersetzung von Beginn an auf Breitenwirkung angelegt war, entschied sich durch die Wahl des Wortes »auffhengen« für eine Exekutionspraxis, die seiner Epoche und damit dem Verständnis seiner Leserschaft näher war. Für heutige Bibelleser, in deren Lebensumfeld die Todesstrafe keinen unmittelbaren Erfahrungswert mehr darstellt, musste eine neutrale Formulierung gefunden werden, bei der nicht die Todesart im Mittelpunkt steht, sondern der Vorgang als solcher. Da bot sich das Wort »hinrichten« an.

Die Tätigkeit des Übersetzens orientiert sich an mehreren Referenzgrößen. Zum einen die Übersetzung *aus* einer fremden Sprache, und wie im Fall Luthers auch aus einer vergangenen Zeit. Daneben die Übertragung *in* eine andere Sprache sowie in eine Gegenwart, der eine Lebenswirklichkeit mit differenten kulturellen und gesellschaftlichen Bedingungen zugrunde liegt. Da gilt es, die Worte auf dem Hintergrund ihrer Bedeutungsfelder abzuwägen und sprachliche Äquivalente zu finden, die das Original nicht verfälschen und zugleich im Erfahrungshorizont der zeitgenössischen Leserschaft nachvollziehbar verorten. Kann Texttreue da noch ein zielführendes Kriterium sein? Kommt eine Übersetzung ohne interpretierende Eingriffe, ohne Interventionen, ohne Korrekturen und historisch oder kulturell bedingte Anpassungen aus? Läuft eine Übersetzung, die ihre Bedingungen reflektiert, nicht eher auf eine Nachdichtung hinaus?

»Mit der Zeit wurde mir klar«, schreibt die Schriftstellerin und Übersetzerin Esther Kinsky in ihrem Essay *Fremdsprechen* (2019), »dass jede Sprache eine Welt für sich ist, mit ihrem eigenen Netz der Bezüge, der Bilder der Wertigkeiten. Und dass jedes Erlernen, jedes Sich-Aneignen einer Fremdsprache verbunden ist mit einem ›Fremdsprechen‹ der Welt, denn mit dem neuen Namen, den man ausspricht, assoziiert sich auch ein neuer Anblick der Welt, ein neuer Aspekt der Dinge, der Farben, der Wahrnehmung von Zeit.« Auf diese »Andersnamigkeit der Welt« müsse sich jede

Übersetzung einlassen »und auf das damit verbundene, oft hoffnungslose Ringen um eine annähernde Kongruenz zwischen originalem und übersetzten Text.«

Sollten wir da, könnte man halb ketzerisch, halb spielerisch einwerfen, das Geschäft des Übersetzens nicht vielleicht einer neutralen Maschine überlassen? »Ein Sprachwechsel tauscht nicht bloß Begriffe aus, sondern wandelt Weltbilder um«, befindet auch Daniel Ammann in einem Essay für die *Neue Zürcher Zeitung* (9. Dezember 2019). Der Literatur- und Medienwissenschaftler lässt ein kleines Experiment folgen, um die Vorstellung, man könne das Geschäft des Übersetzens lieber gleich einer emotionslosen und um keine Lösung verlegenen Maschine anvertrauen, mit einem erhellenden Test zu konterkarieren. »Aus *This sentence contains 39 letters and two digits* macht *DeepL* in null Komma nichts: *Dieser Satz enthält 39 Buchstaben und zwei Ziffern*. Wörtlich einwandfrei, nur buchstäblich falsch, denn im Deutschen besteht der selbstbezügliche Satz aus 41 Buchstaben. Wie mein kleiner Turing-Test für maschinelle Übersetzung demonstriert, ist ein Satz mehr als die Summe seiner Wörter. In der Literatur ist das die Regel.«

Man kann an dieses kleine Experiment anschließen und z.B. den meteorologischen Begriff *cloudburst* mithilfe der einschlägigen Übersetzungsprogramme recherchieren. Bei *babelfish* heißt das deutsche Pendant »Platzregen«. Gibt man den Begriff »Platzregen« bei *DeepL* ein, lautet die Rückübersetzung ins Englische »torrential rain«. Will man »torrential rain« nun wieder ins Deutsche übertragen und fragt *LEO*, erhält man »sintflutartige Regenfälle«. Wie man sieht, variieren die Ergebnisse durchaus und machen in inhaltlicher und stilistischer Hinsicht eine Entscheidung erforderlich, die nur ein abwägender Kopf treffen kann. »Ein Satz ist mehr als die Summe seiner Wörter« und die »Andersnamigkeit der

Welt« eine unhintergehbare »Eigenartigkeit von sprachlichem Leben« (Esther Kinsky). **Wer trennte sie, die Worte und die Dinge / irgendwie donnerte die Stunde weiter**

Das Übersetzen bleibt somit eine schwierige Gratwanderung oder eine heikle Überfahrt. Nicht von ungefähr benennt man im Deutschen auch die Tätigkeit eines Fährmanns, der uns von einer Seite des Flusses auf die andere bringt, mit dem Verb »übersetzen«. Von einem Ufer zum anderen zieht der Fährmann seine Bahnen über das Wasser. Aber er muss seine Fahrtrichtung, seine Geschwindigkeit und seine Ab- und Anlegemanöver an die aktuellen Strömungsverhältnisse anpassen. Das Wasser bleibt in seiner Substanz immer gleich, doch in seinen spezifischen Eigenschaften – Temperatur, Wellengang, Farbe – ändert es sich fortwährend. Wie die Gedanken, Bilder, Vorstellungen und Erfahrungen, die sich in allen Sprachen abbilden, aber in jeder Sprache andere Worte, andere Kontexte und andere Konnotationen kennen. *Panta rhei*, alles fließt, befand Heraklit. In den *Fluss-Fragmenten* führte er aus, dass man niemals in denselben Fluss steigen könne, weil immer »anderes und wieder anderes Wasser« zufließe.

An Land – genauer auf griechischem Festland, wo die *Fluss-Fragmente* vor zweieinhalbtausend Jahren entstanden sind – stoßen wir in unseren Tagen auf tonnenschwere LKW, die in dicken Lettern die Aufschrift *Metaphora* tragen. Schauen wir auf die Anhänger mit ihren geschlossenen Aufbauten, die hohe Ladekapazitäten signalisieren, wird uns klar: Wir haben es mit Transportunternehmen zu tun. Die Metaphoriker sind im Neugriechischen zu Spediteuren geworden. Sie transportieren etwas von einem Ort zum anderen. Es sind keine immateriellen Dinge, keine Bedeutungen, keine Wörter, keine Ideen, sondern Gegenstände mit handfesten physischen Eigenschaften – Waren und Güter eben.

Die Tätigkeit des Transportierens ist dieselbe geblieben, nur in der Beschaffenheit der Speditionsfracht hat sich etwas verändert.

So können wir ohne Übertreibung behaupten, dass es sich bei den Spediteuren um die größte Berufsgruppe der Welt handelt. Jeder, der einer Sprache mächtig ist, gehört ihr an. Sobald wir in Bildern sprechen, einen Sachverhalt oder einen Gegenstand in eine Metapher, eine Allegorie oder eine Analogie übertragen – und das ist kein Privileg der Dichter –, transportieren wir Bedeutungen und werden zu Angehörigen des Speditionsgewerbes. Auf griechischen Straßen können wir lernen, was dem Sprechen in Bildern zugrunde liegt, und wie die Metapher uns alle zu Transportunternehmern und Übersetzern macht. **Der letzte Gutenbergianer / er zeigt Letternabgründe**

Siehe **Jota** | **Ypsilon**

LITERATURVERZEICHNIS

Ammann, Daniel: »Wie lispelt man auf Deutsch? Über die (kleinen und grösseren) Tücken des Übersetzens«, in: *Neue Zürcher Zeitung*, 9. Dezember 2019.

Arnold, Heinz Ludwig (Hrsg.): *Visuelle Poesie*, Text+Kritik. Sonderband, München 1997: edition text+kritik.

Ball, Hugo: *Sämtliche Werke und Briefe, Bd. 1: Gedichte,* Göttingen 2007: Wallstein Verlag.

Ball-Hennings, Emmy: *Betrunken taumeln alle Litfaßsäulen, Frühe Texte und autobiographische Schriften* (1913–1922), Hannover 1990: Postscriptum.

Benn, Gottfried: *Probleme der Lyrik. Späte Reden und Vorträge,* Vorwort Gerhard Falkner, Stuttgart 2011: Klett-Cotta.

Bense, Max: *Das graue Rot der Poesie. Gedichte,* Baden-Baden 1983: agis Verlag.

Bergerac, Cyrano de: *Die Reise zum Mond,* Frankfurt/Main 1994: Insel Verlag.

Bilstein, Johannes: »Der Scheideweg. Zu einer Basis-Chiffre der Wahlfreiheit«, https://www.swr.de/-/id=18634398/property=download/nid=659852/4tmhpt/swr2-essay-20170123.pdf (verifiziert 12. August 2021).

Blumenberg, Hans: *Die Lesbarkeit der Welt,* Frankfurt/Main 1986: Suhrkamp Verlag.

Bose, Günter Karl: *eLeMeNTUM. Über Typografie, Bücher und Buchstaben,* Göttingen 2020: Wallstein Verlag.

Braun, Michael (Hrsg.): *Hugo Ball. Der magische Bischof der Avantgarde,* Heidelberg 2011: Das Wunderhorn.

Brecht, Bertolt: *Der Rundfunk als Kommunikationsapparat,* in: *Gesammelte Werke in 20 Bänden,* Bd. 18, Frankfurt/Main 1992: Suhrkamp Verlag.

Busch, Wilhelm: *Naturgeschichtliches Alphabet,* http://www.wilhelm-busch-seiten.de/werke/bilderbogen/alpha.html (verifiziert 12. August 2021).

Clarke, Arthur C.: »Die neun Milliarden Namen Gottes«, in: *Heyne Science Fiction Jahresband 1982,* München 1982: Wilhelm Heyne Verlag.

Chartier, Roger und Cavallo, Guglielmo: *Die Welt des Lesens. Von der Schriftrolle zum Bildschirm,* Frankfurt/Main 1999: Campus Verlag.

Eco, Umberto: *Die unendliche Liste,* München 2009: Carl Hanser Verlag.

Ders.: *Auf den Schultern von Riesen. Das Schöne, die Lüge und das Geheimnis,* München 2019: Carl Hanser Verlag.

Enzensberger, Hans Magnus: *Einladung zu einem Poesie-Automaten,* Frankfurt/Main 2000: Suhrkamp Verlag.

Fetz, Bernhard und Kastberger, Klaus (Hrsg.): »Der literarische Einfall. Über das Entstehen von Texten«, in: *Profile. Magazin des Österreichischen Literaturarchivs,* 1. Jahrgang, Heft 1, Wien 1998: Paul Zsolnay Verlag.

Foucault, Michel: »Was ist ein Autor?«, in: *Schriften zur Literatur,* Frankfurt/Main 1988: Suhrkamp Verlag.

Fränz, Cornelia: *Letters & Loops. Untersuchung des Alphabets auf seine Tragfähigkeit,* 2015, https://www.fraenz.de/letters-loops (verifiziert 12. August 2021).

Freud, Sigmund: *Gutachten über die elektrische Behandlung der Kriegsneurotiker vom 14.10.1920,* https://www.freud-edition.net/gutachten-ueber-elektrische-behandlung-kriegsneurotiker-prof-dr-sigm-freud (verifiziert 12. August 2021).

Fritz, Susanne: »Kafkas Tatoo oder wenn Buchstaben bluten«, in: *die horen* 1/2016: Wallstein Verlag.

Frost, Robert: *The Road Not Taken and Other Poems,* London 2015: Penguin Classics.

Garfield, Simon: *Just My Type. Ein Buch über Schriften,* Berlin 2012: Ullstein Verlag.

Goethe, Johann Wolfgang von: *Wilhelm Meisters Lehrjahre,* Frankfurt/Main 1989: Insel Verlag.

Gomringer, Eugen (Hrsg.): *Konkrete Poesie,* Stuttgart 2018: Philipp Reclam jun.

Gomringer, Nora: *Monster. Morbus. Moden.* Mit Illustrationen von Reimar Limmer, Berlin 2019: Voland & Quist.

Greber, Erika: *Textile Texte. Poetologische Metaphorik und Literaturtheorie. Studien zur Tradition des Wortflechtens und der Kombinatorik*, Köln, Weimar, Wien 2002: Böhlau Verlag.

Grimm, Jacob und Wilhelm: *Deutsches Wörterbuch*, http://dwb.uni-trier.de/de/ (verifiziert 12. August 2021).

Haarmann, Harald: *Universalgeschichte der Schrift*, Frankfurt/Main 1990: Campus Verlag.

Harris, Robert: *Enigma*. Roman, München 1999: Wilhelm Heyne Verlag.

Henkel, Arthur und Schöne, Albrecht (Hrsg.): *Emblemata. Handbuch zur Sinnbildkunst des XVI. und XVII. Jahrhunderts,* Stuttgart 1976: J. B. Metzler.

Herder, Johann Gottfried: *Abhandlung über den Ursprung der Sprache,* Stuttgart 1986: Reclams Universalbibliothek.

Hocke, Gustav René: *Manierismus in der Literatur. Sprachalchemie und esoterische Kombinationskunst,* Hamburg 1959: Rowohlt Verlag.

Hörisch, Jochen: *Kopf oder Zahl. Die Poesie des Geldes,* Frankfurt/Main 1996: Suhrkamp Verlag.

Illich, Ivan: *Im Weinberg des Textes. Als das Schriftbild der Moderne entstand,* Frankfurt/Main 1991: Luchterhand Literaturverlag.

Jandl, Ernst: *Vom Öffnen und Schließen des Mundes*. Frankfurter Poetikvorlesungen 1984/85. Zwei DVDs mit Materialien, Berlin 2010: Suhrkamp Verlag.

Jean Paul: »Der Maschinenmann nebst seinen Eigenschaften, in: Sämtliche Werke«, 10 Bde. in zwei Abteilungen, Hrsg. Norbert Miller Bd. II/2 Jugendwerke und Vermischte Schriften, München 1976: Carl Hanser Verlag.

Kafka, Franz: *Die Erzählungen*, Frankfurt/Main 1996: Fischer Taschenbuch Verlag.

Kallir, Alfred: *Sign and Design. Die psychogenetischen Quellen des Alphabets,* Berlin 2002: Kulturverlag Kadmos.

Kinsky, Esther: *Fremdsprechen. Gedanken zum Übersetzen,* Berlin 2019: Matthes & Seitz.

Kittler, Friedrich: *Grammophon, Film, Typewriter,* Berlin 1986: Brinkmann & Bose.

Ders.: *Baggersee. Frühe Schriften aus dem Nachlass,* München 2015: Wilhelm Fink.

Kluge, Alexander: *Chronik der Gefühle*, Frankfurt/Main 2004: Suhrkamp Verlag.

Krass, Stephan: *Tropen im Tau. Permutation. Anagrammgedichte*, Berlin 2002: Elfenbein Verlag.

Ders.: *Alphanumerischer Thesaurus. Das Wörterbuch der gewichteten Worte*, Saarbrücken 2009: VDM Verlag Dr. Müller.

Ders.: *Das Konzil der Planeten. Poetische Konstellationen*, Berlin 2010: Elfenbein Verlag.

Kühn, Renate: *Das Rosenbaertlein-Experiment, Studien zum Anagramm*, Bielefeld 1994: Aisthesis Verlag.

Liede, Alfred: *Dichtung als Spiel, Studien zur Unsinnspoesie an den Grenzen der Sprache*, Berlin 1963: Walter de Gruyter & Co.

Mallarmé, Stéphane: *Sämtliche Dichtungen*, zweisprachige Ausgabe, Deutsch von Carl Fischer und Rolf Stabel, München 1991: Carl Hanser Verlag.

Ders.: *Un coup de dés jamais n'abolira le hasard / Ein Würfelwurf niemals tilgt den Zufall. Poéme / Gedicht*, Deutsche Übersetzung Wilhelm Richard Berger, Gestaltung Klaus Detjen, Göttingen 1995: Steidl Verlag.

McLuhan, Marshall: *Die magischen Kanäle. Understanding Media*, Düsseldorf 1970: Fischer Taschenbuch Verlag.

Melville, Herman: *Moby Dick*, Deutsch von Matthias Jendis, München 2001: Carl Hanser Verlag.

Mühsam, Erich: *Schüttelreime und Schüttelgedichte*, http://www.schuettelreis.de/muehsam.html (verifiziert 12. August 2021).

Müller, Heiner: *Herzkranzgefäß*, https://www.muellerbaukasten.de/heiner-mueller/der-autor-text-bei-der-arbeit/ (verifiziert 12. August 2021).

Nietzsche, Friedrich: *Jenseits von Gut und Böse*, Frankfurt/Main 1984: Insel Verlag.

Oettermann, Stephan: *Zeichen auf der Haut. Die Geschichte der Tätowierung in Europa*, Frankfurt/Main 1979: Syndikat.

Palm-Nesselmann, C.: *Schüttelreime*, Stuttgart 1967: DVA.

Pastior, Oskar: https://www.lyrikline.org/de/gedichte/o-ton-automne-linguistikherbst-14502 (verifiziert 12. August 2021).

Perec, Georges: *Anton Voyls Fortgang*, Deutsch von Eugen Helmlé, Frankfurt/Main 1986: Zweitausendeins.

Poe, Edgar Allan: *Der Rabe*, Deutsch von Hans Wollschläger, Frankfurt/Main 2001: Insel Bücherei.

Pynchon, Thomas: *V.,* Deutsch von Dietrich Stössel und Wulf Teichmann, Reinbek bei Hamburg 1988: Rowohlt Taschenbuch Verlag.

Queneau, Raymond: *Hunderttausend Milliarden Gedichte,* Frankfurt/Main 1984: Zweitausendeins.

Ders.: *Stilübungen*, Deutsch von Ludwig Harig und Eugen Helmlé, Frankfurt/Main 1961: Suhrkamp Verlag.

Ders.: *Stilübungen,* erweitert und neu übersetzt von Frank Heibert und Hinrich Schmidt-Henkel, Berlin 2016: Suhrkamp Verlag.

Rabelais, François: *Gargantua und Pantagruel,* Frankfurt/Main 1980: Insel Verlag.

Reder, Christian: *Wörter und Zahlen. Das Alphabet als Code,* Wien, New York 2000: Springer.

Reuß, Roland: »Die Mitarbeit des Schriftbildes am Sinn«, in: *Neue Zürcher Zeitung,* 3. Februar 2011.

Ritter, Henning: *Die Nacht der Träume,* https://www.faz.net/aktuell/feuilleton/geisteswissenschaften/intellektuelle-erleuchtungen-die-nacht-der-traeume-1911505.html (verifiziert 12. August 2021).

Roth, Eugen: *Ins Schwarze. Limericks und Schüttelreime,* München 1968: Carl Hanser Verlag.

Schivelbusch, Wolfgang: *Die Bibliothek von Löwen. Eine Episode aus der Zeit der Weltkriege,* München 1988: Carl Hanser Verlag.

Schlaffer, Heinz: *Geistersprache. Zweck und Mittel der Lyrik,* München 2012: Carl Hanser Verlag.

Ders.: »Lesesucht«, in: *ad libitum. Sammlung Zerstreuung* Nr. 10, Berlin 1988: Volk und Welt.

Schmidt, Arno: *Zettel's Traum,* Faksimile-Wiedergabe, Frankfurt/Main 2002: S. Fischer Verlag.

Schrott, Raoul: *Die Erfindung der Poesie. Gedichte aus den ersten viertausend Jahren,* Frankfurt/Main 1997: Eichborn (Die andere Bibliothek, Band 154).

Schwitters, Kurt: *Das literarische Werk: Lyrik.* Hrsg. von Friedhelm Lach, München 2005: dtv.

Ders.: »Anregungen zur Erlangung einer Systemschrift«, in: *Internationale Revue* i 10, 1927–1929, dbnl.org (verifiziert 12. August 2021).

Singh, Simon: *Geheime Botschaften. Die Kunst der Verschlüsselung von der Antike bis in die Zeiten des Internet,* München 2000: Carl Hanser Verlag.

Sloterdijk, Peter: *Den Himmel zum Sprechen bringen. Über Theopoesie,* Berlin 2020: Suhrkamp Verlag.

Swift, Jonathan: *Gullivers Reisen,* Illustrationen von Grandville, Vorwort von Hermann Hesse, Frankfurt/Main 1974: Insel Taschenbuch.

Valentin, Karl: https://www.valentinmusaeum.de/de/musaeum/karl_valentin.php (verifiziert 12. August 2021).

Williams, William Carlos: *Ausgewählte Werke,* Frankfurt/Main 1999: Zweitausendeins.

Weiss, Christina: *Seh-Texte. Zur Erweiterung des Textbegriffes in konkreten und nach-konkreten visuellen Texten,* Zirndorf 1984: Verlag für moderne Kunst.

Wood, James: *Die Kunst des Erzählens,* Deutsch von Imma Klemm, mit einem Nachwort von Daniel Kehlmann, Hamburg 2011: Rowohlt Verlag.

Zauzich, Karl-Theodor: *Hieroglyphen mit Geheimnis. Neue Erkenntnisse zur Entstehung unseres Alphabets,* Darmstadt: 2015.

Zürn, Unica: *Gesamtausgabe in 5 Bänden,* Berlin 1991: Brinkmann & Bose.

Alle in den Text eingestreuten Sprachspiele stammen, wenn nicht anders angegeben, aus der Werkstatt des Autors.

Der Autor dankt seinen Studentinnen und Studenten an der Hochschule für Gestaltung in Karlsruhe und am Institut für Literarisches Schreiben und Literaturwissenschaft der Universität Hildesheim.

Erste Auflage 2021

© 2021 für diese Ausgabe: Steidl Verlag, Göttingen

Alle Rechte vorbehalten. Kein Teil dieses Buches darf in irgendeiner
Form (Druck, Fotokopie oder einem anderen Verfahren) ohne
schriftliche Genehmigung des Verlages reproduziert oder unter
Verwendung elektronischer Systeme verarbeitet werden.

Lektorat: Daniel Frisch
Umschlag- und Buchgestaltung: Rahel Bünter
Gesetzt in der Utopia und DIN Mittelschrift
Gesamtherstellung und Druck: Steidl, Göttingen

Steidl
Düstere Str. 4 / 37073 Göttingen
Tel. +49 551 49 60 60
mail@steidl.de
steidl.de

ISBN 978-3-95829-981-8
Printed in Germany by Steidl

Auch als eBook erhältlich